REFLEXÕES SOBRE O UNIVERSO PEDAGÓGICO NA EDUCAÇÃO BILÍNGUE PARA SURDOS

Editora Appris Ltda.
1.ª Edição - Copyright© 2025 dos autores
Direitos de Edição Reservados à Editora Appris Ltda.

Nenhuma parte desta obra poderá ser utilizada indevidamente, sem estar de acordo com a Lei nº 9.610/98. Se incorreções forem encontradas, serão de exclusiva responsabilidade de seus organizadores. Foi realizado o Depósito Legal na Fundação Biblioteca Nacional, de acordo com as Leis nos 10.994, de 14/12/2004, e 12.192, de 14/01/2010.

Catalogação na Fonte
Elaborado por: Dayanne Leal Souza
Bibliotecária CRB 9/2162

V658r 2025	Vieira, Claudia Regina Reflexões sobre o universo pedagógico na educação bilíngue para surdos / Claudia Regina Vieira. – 1. ed. – Curitiba: Appris, 2025. 195 p. ; 23 cm. – (Psicopedagogia, educação especial e inclusão). Inclui referências. ISBN 978-65-250-7522-8 1. Psicologia educacional. 2. Educação especial. 3. Inclusão escolar. I. Título. II. Série. CDD – 370.15

Livro de acordo com a normalização técnica da ABNT

Appris editorial

Editora e Livraria Appris Ltda.
Av. Manoel Ribas, 2265 – Mercês
Curitiba/PR – CEP: 80810-002
Tel. (41) 3156 - 4731
www.editoraappris.com.br

Printed in Brazil
Impresso no Brasil

Claudia Regina Vieira

REFLEXÕES SOBRE O UNIVERSO PEDAGÓGICO NA EDUCAÇÃO BILÍNGUE PARA SURDOS

Appris *editora*

Curitiba, PR
2025

FICHA TÉCNICA

EDITORIAL	Augusto Coelho
	Sara C. de Andrade Coelho

COMITÊ EDITORIAL E CONSULTORIAS

- Ana El Achkar (Universo/RJ)
- Andréa Barbosa Gouveia (UFPR)
- Antonio Evangelista de Souza Netto (PUC-SP)
- Belinda Cunha (UFPB)
- Délton Winter de Carvalho (FMP)
- Edson da Silva (UFVJM)
- Eliete Correia dos Santos (UEPB)
- Erineu Foerste (Ufes)
- Fabiano Santos (UERJ-IESP)
- Francinete Fernandes de Sousa (UEPB)
- Francisco Carlos Duarte (PUCPR)
- Francisco de Assis (Fiam-Faam-SP-Brasil)
- Gláucia Figueiredo (UNIPAMPA/ UDELAR)
- Jacques de Lima Ferreira (UNOESC)
- Jean Carlos Gonçalves (UFPR)
- José Wálter Nunes (UnB)
- Junia de Vilhena (PUC-RIO)
- Lucas Mesquita (UNILA)
- Márcia Gonçalves (Unitau)
- Maria Margarida de Andrade (Umack)
- Marilda A. Behrens (PUCPR)
- Marília Andrade Torales Campos (UFPR)
- Marli C. de Andrade
- Patrícia L. Torres (PUCPR)
- Paula Costa Mosca Macedo (UNIFESP)
- Ramon Blanco (UNILA)
- Roberta Ecleide Kelly (NEPE)
- Roque Ismael da Costa Güllich (UFFS)
- Sergio Gomes (UFRJ)
- Tiago Gagliano Pinto Alberto (PUCPR)
- Toni Reis (UP)
- Valdomiro de Oliveira (UFPR)

SUPERVISORA EDITORIAL	Renata C. Lopes
PRODUÇÃO EDITORIAL	Bruna Holmen
REVISÃO	Pâmela Isabel Oliveira
DIAGRAMAÇÃO	Luciano Popadiuk
CAPA	Eneo Lage
REVISÃO DE PROVA	Sabrina Costa

COMITÊ CIENTÍFICO DA COLEÇÃO PSICOPEDAGOGIA, EDUCAÇÃO ESPECIAL E INCLUSÃO

DIREÇÃO CIENTÍFICA Ana El Achkar (Universo/RJ)

CONSULTORES

Prof.ª Dr.ª Marsyl Bulkool Mettrau (Uerj-Universo)

Prof.ª Dr.ª Angelina Acceta Rojas (UFF-Unilasalle)

Prof.ª Dr.ª Adriana Benevides Soares (Uerj-Universo)

Prof.ª Dr.ª Luciene Alves Miguez Naiff (UFRJ)

Prof.ª Lucia França (UFRJ-Universo)

Prof.ª Dr.ª Luciana de Almeida Campos (UFRJ-Faetec)

Prof.ª Dr.ª Mary Rangel (UFF-Uerj-Unilasalle)

Prof.ª Dr.ª Marileide Meneses (USP-Unilasalle)

Prof.ª Dr.ª Alessandra CiambarellaPaulon (IFRJ)

Prof.ª Dr.ª Roseli Amábili Leonard Cremonese (INPG-AEPSP)

Prof.ª Dr.ª Paula Perin Vicentini (USP)

Prof.ª Dr.ª Andrea Tourinho (Faculdade Ruy Barbosa-BA)

Dedico este livro a minha família que sempre torceu por mim e me apoiou em cada momento, aos meus amigos, a família CCRIAS e todos aqueles que diretamente e indiretamente me afetam/afetaram durante todos estes anos. A Todas as vozes que me compõem.

minha família!
Dona Lu, Seu João (in memoriam),
Ricardo, Thaís, Dinha
Alexandre, Luís, Natália e Thiago.
Sem vocês eu simplesmente
Não sou!

os surdos...
Alunos, ex-alunos,
amigos, companheiros,
conhecidos, desconhecidos
que lutam pelo reconhecimento da língua,
por autonomia e por liberdade.
Por me motivarem todos os dias...
Obrigada!

*Dedico também à memória dos **meus avós,** que são responsáveis por me ajudar a ser quem eu hoje sou: Seu Roque, Seu Simão, Dona Maria Aparecida (Vó Grande), Dona Maria José (Vó Pequenininha).*

***Em homenagem** à grande parceira neste universo da educação de surdos, minha amiga Débora Rodrigues Moura, que se foi, mas permanecerá sempre nas minhas discussões (Por ser uma voz que me constitui).*

SUMÁRIO

INTRODUÇÃO 9

OS CAMINHOS DA LEI... 19

TRAJETÓRIA PEDAGÓGICA DOS SURDOS: CONTEXTUALIZANDO POR
MEIO DAS ABORDAGENS 47

Oralismo 48

Comunicação Total 60

Bilinguismo 77

- A experiência da Suécia 77

- A experiência do Uruguai 80

- Pensando no Brasil 83

O PAPEL DA LÍNGUA NA FORMAÇÃO DOS CONCEITOS – O LUGAR DA
LIBRAS NA EDUCAÇÃO DOS SURDOS 93

Língua e Funções Psicológicas Superiores 96

Língua, linguagem e a questão dialógica 102

AS VOZES NAS ATIVIDADES 107

E AGORA? 179

REFERÊNCIAS 185

INTRODUÇÃO

Tá escrito
(Xande Pilares; Gilson Benini; Carlinhos Madureira)

Quem cultiva a semente do amor
Segue em frente e não se apavora
Se na vida encontrar dissabor
Vai saber esperar a sua hora

Quem cultiva a semente do amor
Segue em frente e não se apavora
Se na vida encontrar dissabor
Vai saber esperar a sua hora

Às vezes a felicidade demora a chegar
Aí é que a gente não pode deixar de sonhar
Guerreiro não foge da luta e não pode correr
Ninguém vai poder atrasar quem nasceu pra vencer

É dia de sol, mas o tempo pode fechar
A chuva só vem quando tem que molhar
Na vida é preciso aprender
Se colhe o bem que plantar
É Deus quem aponta a estrela que tem que brilhar

Erga essa cabeça, mete o pé e vai na fé
Manda essa tristeza embora
Basta acreditar que um novo dia vai raiar
Sua hora vai chegar

Erga essa cabeça, mete o pé e vai na fé
Manda essa tristeza embora (manda essa tristeza embora)
Basta acreditar que um novo dia vai raiar
Sua hora vai chegar

Ponto de Partida. Quem eu sou?

Que sou e deverei ser? Minha individualidade mistério. Quantas vezes eu não preferi ser outra pessoa! Se não, pelo menos pensei se não seria melhor ter nascido em outra família, em outra época, com outra situação financeira, outra cara, outro corpo, outro temperamento. Ainda mais porque, aparentemente, sempre soube resolver a vida dos outros muito melhor do que a minha própria (Critelli, 2004, s/p).

Como o trecho citado acima expõe, é difícil pensar em se constituir como sujeito, pois queremos ser, mas ser quem? É muito fácil olhar e julgar o outro, enxergar no outro a diferença que atrapalha e não enxergar que cada ser, inclusive o *eu*, também é marcado pelas diferenças, portanto opto por iniciar este trabalho contando um pouco do ser que sou, para situar de que lugar e com qual vozes falo.

Tenho dois irmãos: um homem, que é apenas um ano e oito meses mais novo que eu, e uma mulher, quase dez anos mais nova que eu. Sou a primeira neta dos meus avós paternos, que moravam bem próximos à nossa casa, na mesma rua, e a segunda neta dos meus avós maternos, filha da filha mais velha. Meu pai nasceu numa família de quatro filhos e era o segundo dos filhos, e minha mãe é a primogênita de uma família de sete filhos.

Mesmo não sendo da mesma rua, morávamos todos muito próximos, e logo comecei a chamar minhas avós de "vó pequenininha" e "vó grande". No início ninguém sabia exatamente o porquê, já que as duas eram pequenas e praticamente do mesmo tamanho, mas depois entenderam que os adjetivos estavam ligados à distância entre as casas. Ainda que eu fosse muito pequena, o significado das palavras era carregado de um peso ideológico: mesmo sem entender exatamente as teorias, na prática elas já aconteciam; os significados iam além das palavras.

Fui criança em uma época em que se podia brincar na rua e fiz muito isso. Machuquei-me brincando de amarelinha, brinquei de *miss*, e, nesse contexto, era considerada uma menina bonita.

A situação começou a mudar um pouco quando entrei no ensino fundamental, porque não segui meus colegas. Meus pais resolveram que eu estudaria em uma escola mantida pela indústria — já que meu pai era metalúrgico —, e não na escola do bairro. Ele precisou praticamente dormir em frente ao colégio para garantir meu ingresso, e esse esforço fez com que eu conquistasse a matrícula.

A partir daí, as coisas mudaram: já não me considerava uma menina bonita e era uma das poucas crianças negras da escola; não me enxergava e não encontrava modelos para seguir. Percebo, aqui, uma possível metáfora com a realidade dos surdos, que também não encontram modelos para seguir. Também referente à capacidade, já que surdos muitas vezes não acreditam no potencial para aprendizagem que possuem, assim como eu não acreditava que pudesse ser bonita.

Os anos se passaram, e ao final do ensino médio comecei a pensar em qual curso de ensino superior eu faria. Nessa época, trabalhava em uma metalúrgica. Sempre tive curiosidade pela Língua de Sinais, ainda que não tivesse contato com ela. Lendo o Guia do Estudante, resolvi que faria Pedagogia com habilitação em Deficiência da Audiocomunicação.

A Formação – Graduação e Pós-Graduação

Após o ensino médio, fiz um ano e meio de cursinho. Nesse segmento educacional, percebi que estudar não precisa ser chato e que as disciplinas podem ser ministradas de um jeito descontraído, ao mesmo tempo que me dei conta de que nem sempre o que querem da gente no processo educacional é o entendimento, mas a eficiência da repetição, o reprodutivismo que não percebemos e repassamos, e que nos coloca no lugar ao qual muitas vezes acreditamos pertencer.

Passei na Unesp de Marília e na Unicamp. Fiquei em Marília porque lá tinha o curso que eu desejava; não sei bem o porquê, mas sempre quis estudar melhor a tal "Língua de Sinais": afinal, como poderia haver comunicação? Como falar com as mãos? Isso muito me intrigava, principalmente porque cursei um ensino médio técnico em redator auxiliar, e as aulas de Língua Portuguesa eram, por assim dizer, "o carro-chefe" do curso. De que maneira língua e linguagem ocorriam com os tais "gestos dos surdos"?

Foram quatro anos e meio difíceis e ao mesmo tempo muito enriquecedores. Pela primeira vez, saía da casa e da companhia da minha família para morar com pessoas estranhas e com hábitos muito diferentes dos meus. Entender as diferenças entre as pessoas e conviver com elas, bem como encarar as expectativas acerca do curso, foi um grande aprendizado.

Cresci muito e aprendi muito também. Fiz iniciação científica, trabalhei em uma escola municipal como estagiária remunerada, fiz meu primeiro curso de Língua de Sinais na Igreja Batista, quando estava cursando o terceiro semestre da faculdade. Descobri que, se quisesse realmente saber algo sobre a língua, precisaria buscar esse conhecimento fora da universidade, pois esse não era um assunto tratado no ambiente acadêmico, ainda que a habilitação tivesse como foco Edac (Educação de deficientes da Audiocomunicação). Estudei antes do reconhecimento da língua, e ainda estávamos lidando com o processo de sua introdução no ambiente acadêmico; na verdade, os estudos sobre Bilinguismo estavam no início e a formação ainda era mais direcionada para a Comunicação Total; logo, a Libras ainda era uma ferramenta.

No segundo ano da graduação, tive a oportunidade de participar, com um grupo de alunos da habilitação, de visitas a instituições de ensino para crianças especiais na cidade de São Paulo. Nessa época, era aluna da Pedagogia e ainda não tínhamos começado as disciplinas específicas da habilitação. Durante uma semana, passamos por diversos lugares e conhecemos várias experiências na área da Educação Especial. Nessas visitas, entrei pela primeira vez numa escola para deficientes auditivos (assim elas eram denominadas – Emedas) e em uma clínica de reabilitação de deficientes auditivos (que utilizava o método SUVAG com as crianças). As duas experiências me marcaram muito — vi os alunos "conversando com as mãos" na escola e "utilizando a voz" na clínica.

Eu ainda era muito imatura, mas algumas dúvidas se materializaram durante aquelas visitas. Por que algumas crianças precisavam usar a fala? Suas vocalizações eram bem difíceis, algumas até ininteligíveis, ainda que os profissionais que as atendiam não deixassem isso muito claro para elas. Na escola, um grupo de alunos "usando as mãos" pareciam tão "normais", e, na clínica, aquela condição de alguma forma me incomodou: não me parecia "natural", mas ainda acreditava que era necessária, afinal minha formação apontava ser aquele o melhor caminho para pessoas surdas.

No quarto ano da faculdade, as atividades se concentraram na habilitação, e, então, pude entrar em contato regular com os surdos. Tínhamos de atender, no sentido ainda da reabilitação, crianças surdas na clínica mantida pela faculdade. Fui incumbida de trabalhar com uma menina de 12 anos. Em seu prontuário, constavam relatórios das estagiárias anteriores, indicando que a menina não prestava atenção a nada; era agressiva e apresentava alguns problemas de comunicação; não oralizava e só utilizava Língua de Sinais para se comunicar; também tinha sérios problemas com relação à frequência na clínica.

No primeiro encontro com a menina, tentei dialogar em Libras (eu continuava frequentando o curso). Ela se mostrou surpresa e me perguntou por que eu sabia Libras. Logo estabelecemos uma comunicação, e, aos poucos, fui percebendo que ela tinha muita resistência em aprender língua oral, e, de acordo com as atividades nos relatórios e prontuários, esse tinha sido o objetivo dos trabalhos. Como não precisava utilizá-la comigo, contou-me das dificuldades que tinha na escola; inclusive, após nossas conversas, começou a frequentar a clínica de fonoaudiologia para tentar oralizar melhor.

No semestre seguinte, a faculdade exigia também outro tipo de estágio, o de observação e participação nas escolas em que os surdos estavam matriculados. Durante essa experiência, percebi que as atividades pedagógicas estavam muito aquém da idade e do nível de escolaridade dos alunos: eles usavam livros didáticos de séries anteriores às deles ou faziam atividades copiadas no mimeógrafo — geralmente desenhos que representavam datas comemorativas para pintar. A ênfase era na oralização. A grande maioria das professoras conhecia pouco sobre Libras e, nas aulas, utilizavam o "português sinalizado", isto é, usavam os sinais da Libras na estrutura do português. Com isso, acreditavam se comunicar melhor com os alunos, possibilitando mais de um recurso na comunicação.

Quase dez anos depois de terminar a Pedagogia, fiz outro curso de graduação. Já tinha experiência como professora de surdos, mas acreditava que precisava aprofundar algumas questões, principalmente as relativas a Libras; então, em 2008 entrei no curso Letras/Libras oferecido pela UFSC (Universidade Federal de Santa Catarina). O bacharelado habilitava os cursistas em Interpretação e Tradução Libras/Língua Portuguesa. Nunca foi meu objetivo me tornar intérprete; no entanto, pensei que, se conhecesse melhor a língua, tornar-me-ia uma professora mais eficiente e poderia, de fato, realizar intervenções a fim de proporcionar aos alunos uma aprendizagem mais aprofundada.

Aprendi muitas coisas interessantes durante essa segunda graduação e conquistei muitos amigos favoráveis a uma educação de qualidade para surdos.

À época do Letras/Libras que iniciei em 2008, como não fui contemplada na primeira chamada, havia também feito inscrição para o mestrado e consegui a vaga. Foi um momento muito importante e intenso na minha vida.

Precisava estudar para as disciplinas do Letras/Libras e dar conta do tão sonhado mestrado. Ele exigia muito e me lembro de que, como já trabalhava como professora, levei para o mestrado todas as questões que surgiam na sala de aula.

O Letras/Libras, de certa forma, auxiliava a pensar sobre as questões, porque havia surdos estudando e muitos profissionais com os quais pude trocar informações. O mestrado exigia também o cumprimento de disciplinas, e foi ao cursá-las que percebi como o embasamento teórico e o conhecimento das linhas eram importantes.

Na faculdade tive contato com as teorias de forma mais generalizada; no mestrado, elas precisavam estar mais claras para que o trabalho fosse construído. Mesmo tendo feito iniciação científica, o mestrado foi um momento crucial, talvez por estar fazendo outra graduação concomitante e trabalhando, ou talvez porque, de certa maneira, percebi que o mundo acadêmico é realmente complexo.

Aprendi muito, estudei bastante e fiquei muito orgulhosa de meu trabalho. Tive uma orientadora fantástica, e estar em sala de aula com crianças surdas foi extremamente importante nessa fase. Isso alimentou ainda mais meu desejo por tentar respostas às indagações iniciais.

Após o mestrado, muitas dúvidas ainda permaneciam e outras tantas se formaram; por isso, desde o término fiquei tentando o doutorado, que em princípio, em minha opinião, dar-me-ia um pouco mais de tempo para obter algumas respostas.

Já de antemão afirmo que respostas não foram bem o que encontrei; alguns direcionamentos talvez, mas muitos questionamentos ainda. De certa forma, isso me deixa feliz, pois aprendi que as questões impulsionam o trabalho.

Teoria X Prática

Desde que iniciei minha trajetória como professora, sempre valorizei a Língua de Sinais, ainda sem saber exatamente o quanto e como impactava. Fiz um curso durante o período da faculdade e, assim que comecei a lecionar, matriculei-me em outro para aperfeiçoar a língua e ganhar fluência.

Apesar de acreditar na Língua de Sinais, minha primeira turma estranhou muito meu jeito de ensinar usando a Libras — pelo menos eu acreditava que usava, pois estavam acostumados com professores que oralizavam e utilizavam apenas alguns sinais numa explicação. Com essa turma, aprendi a ser professora na prática. Eles não me aceitaram muito bem no início, mas com o decorrer do trabalho criamos um vínculo importante.

O estranhamento dos alunos me deixou muito curiosa. Por que os alunos não esperavam professores utilizando a mesma língua que eles? Eu ainda percebia o quanto desejavam falar ao invés de "sinalizar", muitas vezes não conseguia compreender o que diziam e sentiam-se orgulhosos quando utilizavam a fala e os adultos pareciam entender. Nunca entrei nesse jogo; quando não entendia, sinalizava isso.

Essa turma era parecida com a de jovens que havia atendido na clínica da faculdade. Eles também achavam estranho que um professor soubesse a língua utilizada que usavam para conversar. Posso dizer que na escola essa maneira de expressão não era usada. O convencional era falar.

Nas duas situações, o convívio foi aprofundando a relação, e os alunos (da turma e da clínica) foram se abrindo e confiando mais na pessoa que conversava e ensinava em Libras. A menina da clínica, como não precisava utilizar a língua oral ao se comunicar comigo, contou-me as dificuldades que enfrentava na escola, e, dessa forma, pude realizar intervenções para que ela conseguisse compreender os diferentes conceitos nas diversas áreas do saber. Foi um semestre tranquilo e produtivo. A aluna não faltava sem apresentar justificativas e não apresentou nenhum comportamento agressivo. A turma, por sua vez, já não me cobrava os treinos de fala e não reclamava por ter de se comunicar em Língua de Sinais.

Cometi muitos erros nesse período. Lembro-me de que, certo dia, preparei uma atividade em que enchi a lousa com palavras para que os alunos separassem as sílabas. Eu usava Libras, mas a metodologia empregada no ensino direcionado a eles estava totalmente pautada nos livros didáticos. No caso dos alunos surdos, os livros eram sempre de séries anteriores.

A coordenadora pedagógica não sabia como nos orientar. Éramos um grupo de professores que agiam por conta própria, norteados pelas atividades realizadas pelas professoras com mais tempo na unidade e, por assim dizer, a fragilidade de um sistema que fazia acreditar que os alunos precisavam ser cuidados, porque eram *deficientes*[1].

Um ano mais tarde, saí dessa escola e fui trabalhar em outras duas. Na primeira, uma escola de Ensino Fundamental I para ouvintes, havia duas classes especiais, uma de manhã e outra no período da tarde. Isso inviabilizava a comunicação e a troca entre os alunos, que acabavam ficando

---

[1] Termo utilizado à época para definir Pessoas com Deficiência. Lei da Inclusão da Pessoa com Deficiência (2015).

isolados e contando com a comunicação apenas entre os professores da sala, ainda baseada muitas vezes em sinal e fala sobrepostos. Minha turma, oriunda da escola especial (clínica) do município, era composta de alunos da primeira série iniciando sua experiência em escolas com ouvintes.

A segunda era uma escola especial. Todas as salas eram compostas de alunos surdos. Havia troca entre alunos de diversas faixas etárias e circulação da Língua de Sinais. A sinalização era luminosa, o que possibilitava autonomia aos estudantes; ainda assim, não poderia ser considerada bilíngue, uma vez que a Língua de Sinais era muito usada entre os alunos, mas muito pouco ou quase nada nas atividades pedagógicas. Minha sala era formada por alunos do chamado supletivo, todos com autoestima baixa. Iam para a escola conversar, já que não viam possibilidades de aprender. Ficavam felizes em fazer cópias.

Essas duas turmas ampliaram minha curiosidade. Eram crianças em fase inicial de aprendizagem e adultos que já trabalhavam e possuíam uma vida fora da escola, com alguma autonomia para pegar o ônibus, realizar serviços domésticos e trabalhos manuais. Estavam matriculados na escola, mas a impressão que eu tinha era a de que, para muitas famílias, esse era um espaço que os mantinha seguros por algum tempo, sem enxergar possibilidades de desenvolvimento.

A cada ano e com cada turma eu aprendia, conseguia perceber as possibilidades de desenvolvimento dos alunos, o crescimento cognitivo e o processo de aprendizagem, o desenvolvimento da Língua de Sinais e o aprendizado dos conceitos/conteúdos planejados. Conseguia compartilhar com algumas colegas minhas expectativas, descobertas e angústias, mas era muito difícil mudar — o movimento de resistência ou acomodação era muito maior.

A Língua de Sinais não conseguia ganhar espaço nas atividades e os alunos também acabavam desacreditados. Tínhamos horário para estudo, mas quais bases consultávamos? Por que em sala de aula os alunos eram tão diferentes dos alunos dos livros que estudávamos?

Depois de quase dez anos de trabalho com surdos de diversas faixas etárias e níveis de ensino no contexto acima descrito, muitos questionamentos e dúvidas sobre a educação oferecida a esses estudantes ainda me inquietavam, e eu acreditava que a maioria dessas questões recaía sobre mim e meus colegas docentes, e não nos alunos, a quem estava sendo atribuído o fracasso.

Pensar numa educação bilíngue já não era apenas uma opção, mas a possibilidade de proporcionar aos surdos uma educação com possibilidades de desenvolvimento real. Aprender Libras não era nada fácil, porque, acostumados com a estrutura da Língua Portuguesa, era quase impossível não fazer uma comparação ou mesmo querer uma sobreposição das duas línguas para fazer mais sentido. Mas precisávamos pensar em Libras, entender de verdade a língua para ensinar. Como diziam os professores de Língua Inglesa, era preciso se despir da Língua Portuguesa e pensar em Língua de Sinais, e esse era realmente um processo muito complicado.

Por tudo isso, esta discussão tem um significado singular, já que remete à minha trajetória pessoal e profissional. O envolvimento com a comunidade surda me fez lembrar de minha própria trajetória de vida, e trabalhar com eles me motivou a procurar melhores opções e estudar pensando em metodologias de ensino que valorizassem a singularidade dessa comunidade.

Dessa forma, o objeto deste estudo é a educação bilíngue para surdos, considerada hoje como melhor opção de ensino para a comunidade. A partir da reflexão e análise das práticas pedagógicas, refletir sobre as concepções e usos da L1 e L2 e entender quais os espaços que essas línguas ocupam no processo de ensino-aprendizagem nas atividades escolhidas.

Para contemplar os propósitos deste trabalho, além desta Introdução, o material está composto da seguinte forma:

Iniciamos permeando um pouco os caminhos da lei. A partir de uma retrospectiva sobre a legislação envolvendo as pessoas com deficiência e os surdos desde o Código Civil de 1916 até a Lei Brasileira da Inclusão de Pessoas com Deficiência (LBIPD) de 2015, mostrando quando e de que maneira são garantidos os direitos e quais os deveres dos sujeitos e do Estado para com essa comunidade.

Em seguida discutimos os modelos de atendimento aos alunos surdos por meio de atividades propostas à época do Oralismo, Comunicação Total e Bilinguismo.

Após essa explanação sobre as atividades em cada uma das abordagens, apresentamos alguns caminhos teóricos que embasam e auxiliam na análise, discutindo em primeiro lugar o papel da língua na formação dos conceitos e o lugar da Libras na educação dos surdos. Em seguida, trazemos conceitos de Vygotsky (2012a, 2012b e 2014) acerca da língua e funções psicológicas superiores e, por fim, Bakhtin (2009, 2010a e 2010b) com a questão da língua, linguagem e a abordagem dialógica.

Em seguida apresentam-se algumas atividades e discussões reflexivas amparadas nos conceitos teóricos deste trabalho.

As considerações finais retomam princípios deste trabalho problematizando as análises construídas e propondo possibilidades de encaminhamento.

OS CAMINHOS DA LEI...

Ser diferente é normal
(Vinícius Castro; Adilson Xavier)

Todo mundo tem seu jeito singular
De ser feliz, de viver e de enxergar
Se os olhos são maiores ou são orientais
E daí? Que diferença faz?
Todo mundo tem que ser especial
Em oportunidades, em direitos, coisa e tal
Seja branco, preto, verde, azul ou lilás
E daí? Que diferença faz?
Já pensou, tudo sempre igual?
Ser mais do mesmo o tempo todo não é tão legal
Já pensou, sempre tão igual?
Tá na hora de ir em frente
Ser diferente é normal
Sha nana
Ser diferente é normal
Sha nana
Ser diferente é normal
Sha nana
Ser diferente é normal
Sha nana
Ser diferente é normal
Sha nana
Ser diferente é normal
Todo mundo tem seu jeito singular
De crescer, aparecer e se manifestar
Se o peso na balança é de uns quilinhos a mais
E daí, que diferença faz?
Todo mundo tem que ser especial
Em seu sorriso, sua fé e no seu visual
Se curte tatuagens ou pinturas naturais
E daí, que diferença faz?
Já pensou, tudo sempre igual?
Ser mais do mesmo o tempo todo não é tão legal
Já pensou, sempre tão igual?
Tá na hora de ir em frente:
Ser diferente é normal!
Sha nana
Ser diferente é normal

> *Sha nana*
> *Ser diferente é normal*
> *Sha nana*
> *Ser diferente é normal*
> *Sha nana*
> *Ser diferente é normal*
> *Sha nana*
> *Ser diferente é normal*[2]

Para resgatarmos a história da educação dos surdos, nosso ponto de partida será a legislação. Essa ideia foi inspirada por um capítulo do livro *O surdo, caminhos para uma nova identidade*, de Moura (2000), que apresenta a gênese dos hoje denominados surdos na legislação brasileira. "Considerando que uma leitura a-histórica oculta ideologias, concepções epistemológicas, sentidos e significados, a análise aqui empreendida é realizada à luz das condições históricas dessas modificações" (Brzezinski, 2014, p. 115).

A legislação será nosso primeiro ponto porque é ela que regula as ações sociais, como é possível verificar em Cury (2002, p. 15).

> A legislação, então, é uma forma de apropriar-se da realidade política por meio das regras declaradas, tornadas públicas, que regem a convivência social de modo a suscitar o sentimento e a ação da cidadania. Não se apropriar das leis é, de certo modo, uma renúncia à autonomia e a um dos atos constitutivos da cidadania.

As pessoas surdas, que durante um grande período foram chamadas de deficientes auditivas e/ou surdas-mudas, aparecem pela primeira vez citadas no Código Civil brasileiro de 1916, como incapazes de exercer seus direitos de cidadãos. Os termos destacados no trecho a seguir mostram, inclusive, a nomenclatura que era utilizada à época para denominar essa parcela da população.

> **Art. 5.** São absolutamente **incapazes** de exercer pessoalmente os atos da vida civil:
>
> **I** – os menores de 16 (dezesseis) anos;

---

[2] Em 2012, Vinicius Castro foi convidado pelo Instituto MetaSocial para compor a música tema da campanha nacional Ser Diferente é Normal. A canção, composta por Vinicius em parceria com Adilson Xavier, ganhou regravações de nomes de peso na MPB. Em 2013, a música ganhou uma versão em inglês com tradução feita por Emily Perl Kingsley e Sharon Lerner, roteiristas de *Sesame Street* (Vila Sésamo). Essa versão foi apresentada na conferência da ONU em NY, no dia 21/03/2013.

II – os loucos de todo gênero;

III – os **surdos-mudos**, que não puderem exprimir a sua vontade;

IV – os ausentes, declarados tais por ato do juiz (Brasil, 1916).

Esse artigo coloca as pessoas surdas, que naquele contexto de 1916 eram também declaradas equivocadamente mudas, como legalmente incapazes de responder pelos próprios atos. O sentido do termo "surdo--mudo" pode ser compreendido como aquele que não é capaz de se comunicar oralmente como a maioria da população, e essa impossibilidade é interpretada como incapacidade de se organizar cognitivamente. A língua é a responsável pela organização de pensamento, e, dessa maneira, não falar era não usar língua e então não pensar.

Os *surdos-mudos,* no Código Civil de 1916, foram colocados na mesma condição dos menores de idade (que precisavam de curador para representá-los na Justiça) e dos "loucos", que nesse contexto poderia significar pessoa com deficiência intelectual e/ou com distúrbios psicológicos ou neurológicos. É claro que naquele momento histórico pessoas com deficiência não eram consideradas cidadãs de fato, embora em muitos momentos a história dessas pessoas e a dos surdos encontrem paralelos. Neste capítulo, pretendemos dar ênfase à surdez.

A partir do Código Civil de 1916, somente poderiam ser considerados cidadãos de fato aqueles que pudessem expressar-se oralmente, ou seja, usar a língua, e cuja fala pudesse ser validada no contexto social. Os *surdos-mudos,* no entanto, estavam fora desse círculo, já que o impedimento auditivo não permitia a aquisição natural da língua falada e, por consequência, o desenvolvimento fluente para se expressar oralmente em comunidade.

Essa mesma lei de 1916, em seu art. 451, estabelece que, "pronunciada a interdição do surdo-mudo, o juiz assinará, segundo o desenvolvimento mental do interdito, os limites da curatela" (Brasil, 1916)

Assim, é somada à surdez outra deficiência, a intelectual, que impede a participação social desses sujeitos, por não serem considerados pessoas que podem pensar e exprimir suas vontades de forma autônoma, visto que para isso é necessária uma língua, que para a sociedade neste momento é a Língua Portuguesa. Essa visão sobre os *surdos-mudos* ainda hoje (2016/2017), percebida nos discursos do senso comum, que acredita na incapacidade de articulação de pensamento e, consequentemente, de tomada de decisão dessa parcela da população. A Língua de Sinais não é vista ainda, pela maioria da população, como uma língua capaz de proporcionar o desenvolvimento cognitivo dos surdos.

A determinação legal trouxe algumas consequências para a comunidade surda, auxiliando na construção de uma visão de dependência, assim como para as demais pessoas com deficiência. Nesse lugar de dependência e até de impotência, não havia espaço para tal comunidade se constituir visualmente, nem mesmo para tomar consciência de suas reais possibilidades.

Esses dois artigos do Código Civil podem ter colaborado na construção de uma imagem inferiorizada para os surdos-mudos, porque atribuem preconceituosos elementos de incapacidade quanto à condição do surdo, o que pode ter possibilitado o enraizamento das concepções com as quais ainda convivemos. O olhar para o sujeito surdo é o de necessidade de ajuda constante, como se fossem pessoas incapazes e extremamente comprometidas.

> Certamente uma legislação pode ser fruto de um poder autoritário, mas sua legitimidade tem a ver com este caráter de procedência da destinação para o poder popular. Este último é a fonte legítima do poder e por isso pode delegá-lo aos seus representantes. Assim, é a democracia que dá o sentido maior à legislação. A legislação vinda de um poder arbitrário, quando obedecida, em geral não conta com a adesão das pessoas e tem no medo o princípio de sua conformidade (Cury, 2002, p. 16).

A partir desses artigos do Código Civil, outras orientações legais apareceram, sempre tratando as pessoas com deficiência, categoria em que os surdos eram incluídos, como incapazes.

As legislações aparecem para garantir direitos e proporcionar a isonomia entre as pessoas a fim de se diminuírem as desigualdades percebidas na realidade, propondo mudanças que visem a um melhor funcionamento da sociedade. A legislação é um meio de regulação de ideias e disseminação de valores.

Ao se ter em mente esses dois artigos de 1916, é possível dizer que o direito dos surdos estava submetido a outra pessoa, maior e considerada capaz de arcar com a responsabilidade de "cuidar" material, física e moralmente de um ser que não poderia (pelo menos era nisso que se acreditava) ser responsável por si e por seus atos.

> O sistema do Código de 1916 era fechado, contendo apenas as disposições que interessavam à classe dominante, que "atribuiu a si próprio o poder de dizer o direito, e assim o fazendo delimitou com uma tênue, mas eficaz lâmina o direito do não-direito". Em assim fazendo, deixa à margem os institutos que não quer ver disciplinados, dentre os quais "as relações indígenas sobre a terra; o modo de apropriação não exclusivo dos bens; a vida em comunhão que não seja a do modelo dado" (Alba, 2004).

Sob essa perspectiva, pessoas com deficiência eram pessoas invisíveis que mereceram artigos no Código Civil para definir legalmente a não participação no contexto social. Não podemos nos esquecer de que se trata de um período em que ocorria a Primeira Guerra Mundial, um contexto histórico de apologia à condição física; por isso, pessoas com deficiência eram mantidas segregadas e tuteladas.

Durante um grande período na história, as pessoas com deficiência permaneceram em condição de invisibilidade social, viviam com as famílias ou em asilos e eram cuidadas.

Em 1857, ou seja, muito anterior ao Código Civil de 1916, os surdos tiveram aqui no Brasil a primeira instituição especializada, o Instituto Nacional de Educação de Surdos (Ines), no Rio de Janeiro. De acordo com Fernandes (2011), as atividades iniciais foram supervisionadas por Ernest Huet, um professor surdo francês, que utilizava a Língua de Sinais como meio para o acesso aos conteúdos curriculares. No entanto as mudanças sociais sofridas fizeram com que em 1911 o Instituto incorporasse novas dinâmicas administrativas e pedagógicas, uma tendência mundial, e, como consequência, o Oralismo foi estabelecido como metodologia oficial no ensino para alunos surdos. Coube a eles então o aprendizado da língua oral para tentar uma inserção social. Por isso, de acordo com Fernandes (2011, p. 35):

> Na década de 1920, assumiram a direção do Instituto dois médicos otologistas, famosos pelos trabalhos de reeducação auditiva que realizavam, apresentando como uma das medidas administrativas a divisão dos alunos em dois grupos — o oral e o silencioso — aos quais caberiam "tratamentos" distintos. O primeiro tratamento compreendia a linguagem articulada e a leitura labial e era destinado aos Surdos profundos de inteligência normal e aos semissurdos (os não congênitos); o segundo se referia à linguagem

> escrita e à datilologia e era destinada aos retardados de inteligência e aos Surdos que ingressavam depois dos 9 anos. O maior desafio, à época, era exterminar a chamada *contaminação mímica*, que faz com que os "Surdos mudos, em poucas horas, se comuniquem, entre si, por esse meio instintivo e deficiente".

Corroborando o que vamos descrevendo sobre o Código Civil de 1916, essas mudanças no Ines incorporam a visão de surdo que se tem no documento, o que dizer, se não é capaz de falar, expressar a língua, não pode ser considerado cidadão.

A condição das pessoas com deficiência não muda muito nos anos que se seguem. Algumas instituições são criadas para dar conta dessa clientela, como: o Instituto de Cegos São Rafael em 1926, em Minas Gerais; o Instituto Padre Chico (IPC) em 1928, em São Paulo; o Instituto Santa Teresinha (IST) em 1929, na cidade de Campinas; a atual Emebs Helen Keller, fundada em 1952, no bairro de Santana e transferida em 1956 para o bairro da Aclimação, com o nome de Instituto Municipal de Surdos-Mudos no Estado de São Paulo; a Associação de Pais e Amigos dos Excepcionais (Apae) em 1954, no Rio de Janeiro.

Em 1961 foi promulgada a Lei de Diretrizes e Bases da Educação Nacional. Historicamente o Brasil vivia nessa época sobressaltos políticos e uma preocupação com a consolidação de uma *república sindicalista*. O art. 27 da Lei n.º 4.024/61 (Leis de Diretrizes e Bases), que regeu os encaminhamentos relativos à educação no país, era muito claro ao pontuar que a educação deveria ser dada na Língua Nacional. Vale lembrar que em 1961 ainda não tínhamos o reconhecimento da Libras; como podemos comprovar com a citação acima, os gestos assim chamados eram considerados *instintivos* e *deficientes*: "**Art. 27.** O ensino primário é obrigatório a partir dos sete anos e só será ministrado na língua nacional. Para os que o iniciarem depois dessa idade poderão ser formadas classes especiais ou cursos supletivos correspondentes ao seu nível de desenvolvimento" (Brasil, 1961).

Para subsidiar a compreensão do conceito de Língua Nacional, buscou-se no dicionário de línguas do laboratório da Unicamp a definição:

> Língua nacional é a língua do povo de uma nação, relacionada com um Estado politicamente constituído. A língua nacional é por isso vista como a língua oficial de um país. Ter uma língua como própria de um país funciona como um elemento de sua identidade política e cultural. Mas

> não há correspondência direta entre uma língua nacional e um Estado. Cada país pode ter mais de uma língua oficial em virtude de ter, em sua história e constituição, povos diferentes (Guimarães, 2015, s/p).

Faz-se obrigatória a permanência dos alunos no ensino fundamental a partir dos 7 anos de idade nas unidades escolares do país, e a Língua Portuguesa como língua de instrução. A língua oficial é aquela que constitui a nação, embora na realidade brasileira isso possa ser um problema passível de muitas discussões, já que o Brasil nunca foi um país monolíngue de fato. Isso pode ser facilmente compreendido se levarmos em conta as populações indígenas e suas diversas línguas.

Em 1960, um ano antes da promulgação da LDB, os Estados Unidos, mediante os resultados de pesquisa do linguista Stokoe, declararam a ASL (American Sign Language) como língua capaz de ser equiparada a qualquer língua oral com estrutura e gramática próprias.

No Brasil, em 1961, a LDB ignorava a possibilidade de existência de uma língua dos surdos brasileiros, que ainda eram submetidos a experiências oralistas, aprendendo apenas a Língua Portuguesa nos espaços escolares.

Ainda que a Língua de Sinais fosse utilizada pela comunidade surda nos espaços informais e nas associações, no ambiente escolar nem a língua nem os gestos eram admitidos. O texto da lei considera a Língua Portuguesa única, a Língua Nacional, constituidora da identidade da nação, que não deixa espaço para outras línguas e identidades culturais, surda ou indígena, nas matrizes curriculares nacionais.

Como lei que norteia os rumos da educação do país, aquela LDB continha também dois artigos específicos sobre educação dos *excepcionais*[3]: "**Art. 88.** A educação de excepcionais deve, **no que for possível**, enquadrar-se no sistema geral de educação, a fim de **integrá-los** na comunidade" (Brasil, 1961, grifos nossos).

Isso quer dizer que ainda não se considerava que pessoas com deficiência pudessem alcançar sucesso na vida acadêmica. A expressão "no que for possível" contém a ideia de que, para que pessoas com deficiência consigam algo, é necessário que façam um esforço além do esperado das pessoas consideradas "normais". Mesmo assim, não há garantia nem expectativa de que possam chegar ao mesmo patamar que pessoas sem deficiência. Essa possibilidade é considerada remota.

---

[3] Grifos nossos para enfatizar a nomenclatura referente a pessoas com deficiência à época.

Recai sobre o estudante a responsabilidade pelo fracasso escolar. É ele quem responde pelo possível ou não nesse processo. No caso dos surdos, a incompatibilidade linguística nem é considerada, uma vez que ainda não se entende Libras como língua e, portanto, como fator determinante na construção dos processos de aprendizagem e desenvolvimento cognitivo.

O termo *integrá-los* do art. 88 tem como significado a preparação para deixar pessoas surdas o mais próximo possível do considerado "normal"; mais uma vez, a fala e a leitura labial são, aqui, fatores determinantes dessa dita normalidade. Sendo assim, as pessoas com surdez ainda precisam repetir fonemas e palavras, mesmo que desconheçam seu significado, e aprender a olhar o que está sendo dito e, dessa maneira, tentar alcançar um status mais próximo do ouvinte.

A integração aparece como meta a ser alcançada, mas estar preparado para esse processo é papel do sujeito — nesse caso específico, do surdo e sua família, que devem assumir em conjunto a responsabilidade pelo aluno.

A ideia explícita nesse artigo é a de que pessoas com deficiência não podem se nivelar a pessoas sem deficiência, e os preconceitos sobre os limites que porventura possuam se perpetuam. "**Art. 89.** Toda iniciativa privada considerada eficiente pelos conselhos estaduais de educação, e relativa à educação de excepcionais, receberá dos poderes públicos tratamento especial mediante bolsas de estudo, empréstimos e subvenções" (Brasil, 1961).

O art. 89, com o intuito de desonerar o Estado da tarefa de cuidar da educação das pessoas com deficiência, passa a dar incentivo para que outras instituições, no caso privadas, assumam essa parcela de estudantes, e as instituições especiais surgem. É preciso problematizar aqui que algumas dessas instituições realmente promoveram esse tipo de educação; no entanto, outras acabaram entrando em um viés assistencialista que se construiu em torno das pessoas consideradas "não normais", contribuindo para a visão negativa das pessoas com deficiência.

Esse tipo de incentivo fez com que entidades fossem criadas com o propósito de tirar os deficientes de suas casas, mas ainda assim sem expor essas pessoas a escolas regulares, consideradas ideais para alunos com intelecto preservado, sem deficiência aparente e prontos para usufruir das estratégias de ensino-aprendizagem usuais. Essa prática se configurou como uma oportunidade para que instituições abrigassem o público que não poderia ocupar o lugar dos demais e criassem a oportunidade de atendimento fora do espaço domiciliar.

O processo de construção de uma imagem negativa das pessoas com deficiência tomava grandes dimensões à medida que as leis e decretos eram sancionados. O primeiro documento citado neste trabalho, o Código Civil de 1916, e o segundo, que estabelece o funcionamento educacional do país, de 1961, ainda trabalhavam com perspectivas muito próximas de *deficiência*: para eles os sujeitos ainda eram incapazes. Suas atividades talvez pudessem ser semelhantes em alguns aspectos às dos demais, mas ainda assim precisavam de um tratamento diferenciado — *no que era possível* —, já conferindo, assim, uma ideia de impossibilidade.

Não podemos também desconsiderar o momento histórico do qual falamos, ou seja, início da década de 60, a saber, um período de valorização do corpo, de conquistas de territórios pelas guerras, e, no Brasil, momento que precede um golpe militar.

Depois da LDB de 1961, a Constituição de 1988 estabelece o atendimento educacional para os alunos com *necessidades educacionais especiais*, a fim de promover a integração desses sujeitos no ensino regular, tentando garantir a permanência desses alunos na escola regular.

> Os anos após 1988 marcam a história da educação brasileira das pessoas que apresentam necessidades educacionais especiais com várias mudanças [...]. ao Estado compete aplicar o previsto na legislação, garantindo o recenseamento e a identificação daquelas pessoas com necessidades especiais que estão sem acesso aos recursos e serviços educacionais, estimular sua matrícula escolar e zelar para que essa seja, de fato, efetivada, até atingir a sua universalização. Deve, ainda, potencializar a sua permanência na escola, assegurando-lhes atendimento educacional especializado, em caráter complementar ou suplementar (Prieto, 2009, p. 57).

Para frequentar a escola regular, seria necessário um preparo anterior: esse é o princípio da integração — o sujeito precisa se adequar ao ambiente. É o aluno com deficiência que precisa mudar e se moldar ao ambiente da escola regular. Na verdade, o conceito implícito aqui é o da pseudoaprovação de pessoas deficientes nos espaços, desde que não seja necessária nenhuma alteração da rotina nem do ambiente da escola. O princípio é de que a maioria permanece como está e a minoria deve realizar o esforço da mudança.

Não queremos criar com isso uma apologia ao discurso de que a maioria deve se submeter à minoria, e sim sugerir que o movimento não deve ser unilateral, mas uma via de mão dupla. Quando apenas a minoria é responsabilizada por se adequar, a grande maioria se exime e acaba não tomando conhecimento das reais necessidades daquela minoria.

> Ao se referirem ao conceito de integração no contexto educacional Werneck (1997) e Sassaki (1997) consideram essas iniciativas integracionistas como inserções parciais e condicionadas às possibilidades de cada pessoa, ou seja, os alunos com necessidades especiais teriam que se adaptar para ser inseridos na escola regular (Machado, 2008, p. 35).

Essa dinâmica que coloca a minoria na posição de mudança nos faz refletir sobre a integração que não integra, ou a inclusão excludente, aquela que coloca todos no mesmo espaço, mas não garante a educação de fato para todos, reforça estereótipos de que a deficiência incapacita e que o espaço escolar não pode ser modificado. Os professores começam a lidar com situações complicadas em sala de aula.

> São vários problemas conflitantes juntos, não? O da integração de crianças com necessidades educativas especiais é um problema de toda a América Latina, porque corresponde a um modelo educativo que nem sequer é próprio: é uma escolha de diretriz do Banco Mundial. Todo o sistema de educação especial está sendo destruído na região, sem que essa alternativa possa ser visualizada como viável [...]. A professora tem 40 crianças e colocam ali três com necessidades especiais, mas que não são iguais [...]. Isso não vai funcionar, assim não funciona, [...]. O México e a Argentina estão exatamente com a mesma política e quando se descobrir que assim não funciona, o sistema de educação especial já estará desmantelado e se dirá aos pais: "encontrem os senhores uma solução para seu filho". É muito sério o que está acontecendo, é parte do desmantelamento do sistema de educação pública. E eu alertaria também para o fato de que não se pode simplesmente desembarcar crianças com necessidades especiais numa classe completa (Ferreiro[4], 1997, p. 15 *apud* Machado, 2008, p. 18).

---

[4] Basta de etiquetas na educação. Emília Ferreiro, em entrevista à revista *Presença Pedagógica*, v. 3, n. 18, nov./dez. 1997.

Para melhor entender essas afirmações, destacamos o art. 208 da Constituição Federal de 1988:

> **Art. 208.** O dever do Estado com a educação será efetivado mediante a garantia de:
>
> III – atendimento educacional especializado aos ***portadores de* deficiência**[5], preferencialmente na rede regular de ensino (BRASIL, 1988).

Esse artigo apresenta uma ideia de aceitação/tolerância do público denominado *portadores de deficiência,* mas o termo *preferencialmente* utilizado na escrita é dúbio e está bastante presente nos documentos da época, porque preferência não significa obrigação.

As escolas especiais, no caso dos surdos, eram espaços em que os profissionais que ali trabalhavam seguiam princípios clínicos, centrados no viés médico, portanto tinham como meta reabilitar as crianças do mundo do silêncio. Eram muitas vezes ambientes transitórios para surdos que conseguiam aprender a dizer oralmente algumas palavras e a leitura labial a fim de, em seguida, serem encaminhados para a rede regular de ensino.

Aqueles que não obtinham sucesso nessa aprendizagem permaneciam mais tempo nesses espaços considerados alternativa para uma vida fora do ambiente domiciliar e para trabalhos de AVD (Atividades de Vida Diária), que envolvia aprender a amarrar sapatos, lavar as mãos, escovar os dentes e realizar pequenos serviços de casa, com a finalidade de promover autonomia, visto que não possuíam potencial para aprendizagem formal.

Nesse momento histórico, final dos anos 60 até a década de 80, para os surdos as salas especiais eram equipadas com aparelhos de amplificação sonora coletiva, e o treinamento da fala era o foco da aprendizagem; logo, a preparação para que os surdos pudessem frequentar o ensino regular era a apropriação da fala. Saber pronunciar e escrever algumas palavras dava condições para que esse aluno pudesse se valer do direito garantido pela Constituição.

A partir da década de 90, uma série de discussões/documentos (Decreto n.º 99.678/90, Declaração de Jomtien/90, Plano Decenal de Educação para Todos, 1993, Declaração de Salamanca/94) é realizada e publicada mundialmente, dando um novo tom para a legislação também

---

[5] Grifos nossos. Resolvemos manter o documento como escrito à época, por isso o termo "portadores de deficiência".

no Brasil. O movimento de educação para todos propõe um olhar diferenciado para os marginalizados no processo educacional, que se materializa na Declaração Mundial de Educação para Todos, a qual ainda enfatiza o conceito de integração de pessoas deficientes no processo educativo. É preciso, porém, enfatizar algumas considerações, como pontua Cunha Júnior (2015):

> [...] os interesses subentendidos nas entrelinhas do discurso governamental de forma direta ou indireta mostra que o Estado, por assim dizer, já tomou partido e já escolheu a parte que atenda a seus interesses. Precisamente não é a base necessitada que será atendida, mas o topo da pirâmide porque o interesse neoliberal será o determinador das nuances e das diretrizes a serem estabelecidas (Cunha Júnior, 2015, p. 77).

A universalização do acesso pressupõe que se deve tirar da segregação as pessoas *com deficiência* e tentar garantir que compartilhem o mesmo espaço educativo que as pessoas *sem deficiência*; sugere que aos poucos os atendimentos especializados sejam oferecidos como suporte ou como complementar à educação regular. De acordo com Machado (2008): "A partir dessa visão, considera-se que as escolas regulares deverão expandir as oportunidades de aprendizagem a todos os indivíduos, incluindo as pessoas consideradas deficientes".

O texto da declaração que trata da questão acima é o artigo 3º que traz a necessidade de universalizar o acesso à educação e promover a equidade, expressa da seguinte forma:

> As necessidades básicas de aprendizagem das pessoas portadoras de deficiências requerem atenção especial. É preciso tomar medidas que garantam a igualdade de acesso à educação aos portadores de todo e qualquer tipo de deficiência, como parte integrante do sistema educativo (Unesco, 1990, p. 4).

Os documentos que se seguiram tratam das questões das pessoas com deficiência de forma geral, sem marcar as especificidades. A maior parte desses documentos propõe que essas pessoas passem a ser atendidas junto com as pessoas sem deficiência, garantindo-lhes os direitos de atendimento especializado.

A Declaração de Salamanca (1994), da qual o Brasil é signatário e por isso se comprometeu a incorporar em sua legislação as discussões e resultados acordados, apresenta trechos em que defende uma educação igualitária e justa, independentemente da deficiência.

A Declaração propõe uma educação para todos, a fim de garantir o acesso e a permanência independentemente das condições específicas dos sujeitos, mas também reconhece que a educação pode se dar de maneira diferencial, visto que igualdade não é sinônimo de equidade, que nem sempre satisfaz às necessidades educativas dos sujeitos.

Pensando especificamente na educação de surdos, não era viável pensar em atividades pautadas unicamente na oralização, como vinha ocorrendo. Nesse caso, esse tipo de igualdade não garante o acesso e a compreensão; logo, impede que seja realizada a constituição linguística plena. Porém é possível garantir essas condições se as atividades forem pensadas levando em consideração a diferença, não em termos de esvaziamento, mas de respeitar as condições e habilidades dos sujeitos. Não se pode focar no que falta — no caso, audição e fala —, e sim nas possibilidades: potencial visual e cognitivo e funções mentais, que serão analisadas posteriormente em outro capítulo.

A especificidade dos surdos é contemplada na Declaração:

> 19. Políticas educacionais deveriam **levar em total consideração as diferenças e situações individuais.** A importância da linguagem de signos como meio de comunicação entre os surdos, por exemplo, deveria ser reconhecida e provisão deveria ser feita no sentido de **garantir que todas as pessoas surdas tenham acesso à educação em sua língua nacional de signos.** Devido às necessidades particulares de comunicação dos surdos e das pessoas surdas/cegas, **a educação deles pode ser mais adequadamente provida em escolas especiais ou classes especiais** e unidades em escolas regulares (Declaração de Salamanca, 1994, p. 7, grifos nossos).

É o primeiro documento que mostra a importância da Língua de Sinais na educação das pessoas surdas. Como é de 1994, coloca ainda ênfase muito grande na comunicação, mas devemos entender que não só a comunicação, e a própria construção de conhecimentos deve ser considerada.

Essa escola especial citada na Declaração é diferente da escola que descrevemos anteriormente, pois o foco daquela era a reabilitação; já essa preza o entendimento do surdo como ser completo, por meio das experiências visuais que a língua proporciona para a aquisição dos conceitos e, consequentemente, o avanço e desenvolvimento cognitivo. Isso impulsionou pesquisas na área da Educação de Surdos e auxiliou na mudança de pensamento sobre a surdez para que não fosse vista como deficiência, mas diferença.

A Declaração de Salamanca traz à tona questões gerais, mas que acaba especificando a partir de um público, surdos, cegos, mulheres, entre outros. Na verdade, por ter muitos signatários e uma diversidade de realidades, vai tecendo propostas muito particulares de caráter prescritivo.

O documento dá visibilidade à luta das pessoas surdas e valoriza a Língua de Sinais como língua que organiza o pensamento e possibilita o desenvolvimento cognitivo, emocional, linguístico e pedagógico, viabilizando o empoderamento da comunidade em busca de uma educação que atenda suas necessidades.

Em contrapartida, os documentos posteriores (LBDN 9.394/96, Decreto n.º 3.298/99, Resolução CNE/CEB n.º 2/2001) (Brasil, 2001a) voltam a tratar o assunto de forma universal, colocando novamente a comunidade surda no bojo das discussões sobre deficiência. Esse movimento generalizador enfraquece a discussão mais focalizada, que possibilitaria o aprofundamento das questões específicas da surdez e da comunidade surda, e reduz as preocupações ao espaço físico e recursos humanos, colocando todas as deficiências e/ou necessidades como análogas, como se necessitassem dos mesmos recursos e/ou providências.

A Lei de Diretrizes e Bases da Educação Nacional (Lei 9.394/96) garante que pessoas com deficiência devem ter uma educação adequada, com currículo apropriado, e que os sistemas de ensino devem primar para que o direito à educação seja garantido. Esse texto é bem genérico e vago, uma vez que não trata as especificidades de cada necessidade. A adequação do currículo muitas vezes remete à ideia de facilitação, esvaziamento e/ou simplificação do conteúdo para que pessoas consideradas menos capazes possam passar pela escola. "A lei introduz a referência à "tolerância" como princípio da educação tanto quanto 'a gestão democrática' como princípio inerente ao ensino público. O art. 4º reconhece a necessidade de atendimento diferenciado 'aos alunos com necessidades especiais' [...]" (Cury, 2002, p. 74).

Observa-se nessas ideias resquícios tanto do Código Civil de 1916 quanto da LDB de 1961, que fala em integração, quando possível, para pessoas com deficiência, sem dar crédito à capacidade de aprendizagem real dessas pessoas.

A Política Nacional para a Integração da Pessoa Portadora de Deficiência de 1999 — Decreto n.º 3.298, que regulamenta a Lei nº 7.853/89 — colocou a educação especial como modalidade transversal de educação, de caráter complementar. Isso significou que ninguém mais poderia ficar matriculado apenas na modalidade especial, mas que essa funcionaria como auxiliar para a escola regular. As Diretrizes Nacionais para a Educação Especial na Educação Básica, Resolução CNE/CEB nº 2/2001, explicita que: "Artigo 2º - Os sistemas de ensino devem matricular todos os alunos, cabendo às escolas organizarem-se para o atendimento aos educandos com necessidades educacionais especiais, assegurando as condições necessárias para uma educação de qualidade para todos" (Brasil, 2001a).

Nesse momento, posterior à LDBEN de 96, início dos anos 2000, o foco muda: não é mais o sujeito que precisa se adequar, é a escola — que, até então, era o espaço que recebia o aluno preparado — que deve se reorganizar a fim de receber todos os educandos, independentemente de suas características.

É importante ressaltar que até então a concepção sobre a deficiência construída e vivenciada socialmente esteve pautada no déficit, como pudemos acompanhar ao longo dessa discussão, salvo na Declaração de Salamanca de 1994.

Como já mencionado, os paradigmas e preconcepção sobre a identidade do deficiente, e consequentemente do surdo, foram construídos com base na falta e no "defeito", e exigem um processo de desconstrução que necessita de amadurecimento, discussão e vivência, um processo que dificilmente será quebrado por força de lei.

O ingresso dos alunos com deficiência demandou ajustes nas unidades escolares, que, em sua maioria, não estavam preparadas para receber esse público. De acordo com Prieto (2009), "[...] muitas orientações para o atendimento desses alunos recaem em prover-lhes níveis de 'ajustamento' na escola, de aspectos físicos a curriculares". Ocorre que muitas pessoas nunca haviam tido contato com os alunos das classes/escolas especiais e suas especificidades.

Para problematizar a questão, o Plano Nacional de Educação (PNE), Lei n.º 10.172/2001 (Brasil, 2001b), comentado no documento produzido em 2008 da Política Nacional de Educação Especial na Perspectiva da Educação Inclusiva, destaca que:

> [...] o grande avanço que essa década da educação deveria produzir seria a construção de uma escola inclusiva que garanta o atendimento à diversidade humana. O documento aponta déficit em algumas áreas prejudicando o atendimento do aluno deficiente, considerando que ainda há necessidade de superação de problemas para que a educação seja adequada (Brasil, 2008).

A legislação, nesse ponto, reconhece que não se trata apenas de imposição, mas sim de uma quebra de paradigma, que conceba a educação como direito de todos para conquista e participação efetiva na sociedade.

Em 2001, o documento traz o termo **inclusão** em vez de **integração**, o que suscita uma nova discussão diante de seu significado e das implicações e abrangência que ele pressupõe. Incluir não pode significar mera garantia de espaço físico, e sim emancipação, aquisição de condições para a conquista de direitos e possibilidade de luta por acesso e permanência.

A legislação vai então passando por momentos de universalização e focalização. A comunidade surda vai se organizando, inicialmente aliando-se ao movimento das pessoas com deficiência para garantir direitos para todos, e depois, por conta das questões relacionadas à língua, funda um movimento particular.

Em 2002 um novo Código Civil é promulgado pela Lei n.º 10.406/2002 (Brasil, 2002a), e, diferentemente daquele do ano de 1916, neste, os surdos não aparecem como incapazes de exercer os atos da vida civil. Nesse novo documento, pessoas com deficiência mental são citadas.

> **Art. 3º** São absolutamente incapazes de exercer pessoalmente os atos da vida civil:
>
> I – os menores de dezesseis anos;
>
> II – os que, por enfermidade ou deficiência mental, não tiverem o necessário discernimento para a prática desses atos;
>
> III – os que, mesmo por causa transitória, não puderem exprimir sua vontade (Brasil, 2002a)

O texto desta vez usa o termo *enfermidade* ou *deficiência mental* e exclui os surdos-mudos, como no documento anterior (1916), no artigo

4º, copiado a seguir, incapacita não totalmente, mas para determinados atos, pessoas excepcionais com a informação de que seriam sujeitos sem desenvolvimento mental completo. Deficientes ainda aparecem como incapazes, mas os surdos não estão explicitamente citados nessa categoria, ainda que, dependendo da leitura, possam estar inseridos.

> Art. 4º
>
> São incapazes, relativamente a certos atos, ou à maneira de os exercer:
>
> I – os maiores de dezesseis e menores de dezoito anos;
>
> II – os ébrios habituais, os viciados em tóxicos, e os que, por deficiência mental, tenham o discernimento reduzido;
>
> III – os excepcionais, sem desenvolvimento mental completo;
>
> IV – os pródigos.
>
> Parágrafo único.
>
> A capacidade dos índios será regulada por legislação especial (Brasil, 2002a).

Desse modo, conseguimos perceber algumas mudanças que a comunidade surda obteve nesses anos em termos de representação social, como apresentado na Declaração de Salamanca em 1994, e por intermédio das ações do movimento surdo no Brasil. No entanto esses avanços descritos nas leis e declarações nem sempre conseguiram ultrapassar o escrito. O universo no espaço escolar não se desenvolvia da mesma maneira.

Em 24 de abril de 2002, a Lei 10.436 (Brasil, 2002b) reconheceu a Língua Brasileira de Sinais (Libras) como meio legal de comunicação da comunidade surda. Ela entra em vigor em decorrência da mobilização do movimento surdo, e foi apresentada primeiro como Projeto de Lei n.º 131, pela senadora Benedita da Silva, atendendo às reivindicações do movimento surdo em 13 de junho de 1996. Toda essa mobilização pode ser lida no trabalho de Brito (2013, p. 131-132).

> A oficialização era, acima de tudo, uma questão de direitos humanos, na medida em que o uso da Libras era um meio de garantir às pessoas surdas não oralizadas ou que preferissem se comunicar nessa língua a participação na sociedade em igualdade de oportunidades por pessoas ouvintes. Portanto, nesse aspecto, a posição do movimento surdo fundamentava-se essencialmente na configuração discursiva engendrada no seu ponto de partida no contexto

> sócio-histórico do movimento das pessoas com deficiência. Por sua vez, no campo da educação de surdo, a preocupação fundante das ações do movimento surdo era ainda essencialmente a de assegurar, antes de qualquer coisa, a possibilidade de utilização da Língua de Sinais pelos alunos surdos dentro das escolas e classes especiais, de modo autorizado, protegido pela força da lei.

O cenário legal apresenta como foram sendo construídos os conceitos de *deficiente* e *deficiência*. Afirmar que todos têm direito à educação é diferente de colocar todos no mesmo espaço físico sob as mesmas condições para aprendizagem.

Com o reconhecimento da Lei n.º 10.436/02, mais uma vez, há ênfase na garantia de direitos, resgatando-se a ideia do ponto 19 da Declaração de Salamanca, destacado anteriormente. Tem-se então um documento específico sobre a comunidade surda.

A lei da Libras tende a proporcionar às pessoas surdas o direito a uma educação em sua língua, mudando a concepção de Língua Portuguesa como única língua nacional, e ainda declarando a condição bilíngue aos surdos brasileiros, não abolindo o ensino da Língua Portuguesa, mas dando à comunidade surda a possibilidade da Libras como língua de instrução.

> Parágrafo único. Entende-se como Língua Brasileira de Sinais - Libras a forma de comunicação e expressão, em que o sistema linguístico de **natureza visual-motora**, com estrutura gramatical própria, constituem um sistema linguístico de transmissão de ideais e fatos, oriundos de comunidades de pessoas surdas do Brasil.
>
> Parágrafo único. A Língua Brasileira de Sinais - Libras não poderá substituir a modalidade escrita da língua portuguesa (Brasil, 2012b, grifo nosso).

Depois da promulgação da lei de 2002, o Decreto n.º 5626/05 (Brasil, 2005) estabeleceu providências para que a Língua de Sinais fosse divulgada e trabalhada, incluída como disciplina curricular obrigatória nos cursos de preparação para professores, licenciaturas, e como optativa nos bacharelados. O foco foi garantir uma formação e certificação para o professor, instrutor e tradutor/intérprete de Libras, o professor bilíngue, responsável pelo ensino da Língua Portuguesa como segunda língua para alunos surdos, bem como colaborar para a organização da educação bilíngue para surdos.

Esse documento, totalmente voltado à educação dos surdos, entra num embate com a Política Nacional de Educação Especial. Lodi (2013) tem um artigo dedicado a pontuar esses embates entre os dois documentos: a Política (um documento universal) e o Decreto (um focalizador), específico sobre a área e que traz de forma mais detalhada as particularidades para esse público.

> Nesse contexto insere-se a educação de surdos, compreendida como responsabilidade da educação especial, apesar das discussões iniciadas na década de 1990, que indicam que o *especial* dessa educação refere-se unicamente à diferença linguística e sociocultural existente entre surdos e ouvintes (SKLIAR, 1999). Essa antiga tensão, longe de ser enfrentada, ecoa nos documentos oficiais e mantém-se como tema de debates e embates entre os que defendem a educação para surdos como um campo específico de conhecimento e aqueles que a consideram como *domínio* da educação especial (Lodi, 2013, p. 51).

O conceito de inclusão para a comunidade surda passa a ganhar um aspecto diferente. Uma vez reconhecida a Língua de Sinais e a diferença linguística, questiona-se a viabilidade do desenvolvimento pedagógico de crianças surdas em salas de aula com crianças ouvintes.

> O conceito de inclusão presente no Decreto opõe-se, assim, à maneira como a teia interdiscursiva constitutiva da Política Nacional de Educação Especial foi sendo tecida. Por meio do discurso de que todos devem estar convivendo juntos, sem discriminação, o texto da Política acaba por induzir que interpretações sejam feitas de modo a se reduzir o conceito de inclusão à escola, inviabilizando, dessa maneira, qualquer diálogo que vise à significação do conceito de forma ampla. (Lodi, 2013, p. 61).

A inclusão não pode ser reduzida ao espaço escolar. Como conceito mais amplo deve ser pensada de maneira social, incluindo de fato os surdos nos projetos e nas atividades do dia a dia. Não deve ficar restrita às pessoas envolvidas no processo; deve alavancar projetos e metodologias específicas de ensino, ou seja, valorizar a L1 em todos os espaços e viabilizar a L2 de forma sistematizada e contextualizada.

Outro documento importante nos últimos anos, que serve de base para a elaboração dos Planos Municipais no momento, é o Plano Nacional de Educação (PNE) de 2014, que apresenta metas e estratégias destacadas a seguir, pensando na educação das pessoas surdas a fim de garantir os direitos de acesso e educação em Língua de Sinais.

Esse foi o documento levado à consulta pública e contou com a participação de delegados, alguns ligados à comunidade surda, para pensar a educação nos próximos dez anos.

> **Meta 1:** universalizar, até 2016, a educação infantil na pré--escola para as crianças de 4 (quatro) a 5 (cinco) anos de idade e ampliar a oferta de educação infantil em creches de forma a atender, no mínimo, 50% (cinquenta por cento) das crianças de até 3 (três) anos até o final da vigência deste PNE.
>
> **Estratégia:**
>
> 1.11) priorizar o acesso à educação infantil e fomentar a oferta do atendimento educacional especializado complementar e suplementar aos (às) alunos (as) com deficiência, transtornos globais do desenvolvimento e altas habilidades ou superdotação, **assegurando a educação bilíngue para crianças surdas** e a transversalidade da educação especial nessa etapa da educação básica (Brasil, 2014, grifos nossos).

A meta 1 do PNE visa assegurar o previsto na Lei da Libras e também no Decreto n.º 5626/05: o direito da criança surda de entrar em contato com sua língua natural o mais precocemente possível, já que os surdos brasileiros são bilíngues e necessitam da Libras para se desenvolverem cognitivamente.

Porém, ainda de maneira equivocada, propõe atendimento educacional especializado (AEE) para crianças surdas na educação infantil. Sabemos que o atendimento educacional especializado se dá no contraturno, em diferentes modalidades, de acordo com o documento que rege essa modalidade de ensino, a saber: em Libras, de Libras e em Língua Portuguesa. Se consideramos que crianças surdas precisam desenvolver linguagem, e isso se dá a partir da língua, e interagir na L1, como essa modalidade de ensino garantiria a crianças surdas na educação infantil condições de desenvolvimento linguístico? Com quem elas dialogariam?

> **Art. 14.** As instituições federais de ensino devem garantir, obrigatoriamente, às pessoas surdas acesso à comunicação, à informação e à **educação** nos processos seletivos, **nas atividades e nos conteúdos curriculares desenvolvidos**

> **em todos os níveis, etapas e modalidades de educação, desde a educação infantil até a superior** (Brasil, 2005, grifos nossos).

Assegurar o acesso à educação infantil e na primeira língua – L1, essa é a estratégia para fazer valer o proposto no decreto. Para que a estratégia seja alcançada, é preciso assegurar que os professores aprendam a Língua de Sinais e que os professores surdos sejam inseridos nesse processo, principalmente nesse nível de ensino.

O PNE prevê a transversalidade da educação especial no ensino básico, o que significa permitir que alguns serviços sejam realizados para o desenvolvimento da criança surda.

> Para o ingresso dos alunos surdos nas escolas comuns, a educação bilíngue e – Língua Portuguesa/Libras desenvolve o ensino escolar na Língua Portuguesa e na língua de sinais, o ensino da Língua Portuguesa como segunda língua na modalidade escrita para alunos surdos, os serviços de tradutor/intérprete de Libras e Língua Portuguesa e o ensino da Libras para os demais alunos da escola. O atendimento educacional especializado para esses alunos é ofertado tanto na modalidade oral e escrita quanto na língua de sinais. Devido à diferença linguística, orienta-se que o aluno surdo esteja com outros surdos em turmas comuns na escola regular (Brasil, 2007a).

É preciso refletir sobre como esse serviço pode acontecer, uma vez que a língua é adquirida por meio de atividades significativas e na interação com os falantes. Crianças pequenas precisam de modelos possíveis de serem seguidos e de oportunidade para testar as experiências, ou seja, precisam de interlocutores.

A meta 4 estende alguns desses pontos para toda a educação básica, contrariando a proposta do Decreto n.º 5626/05, que prevê escolas e/ou classes bilíngues, e não salas multifuncionais ou atendimento educacional especializado; o ensino deveria ter a Libras como língua de instrução e a Língua Portuguesa como segunda língua.

> **Meta 4:** universalizar, para a população de 4 (quatro) a 17 (dezessete) anos com deficiência, transtornos globais do desenvolvimento e altas habilidades ou superdotação, o acesso à educação básica e ao atendimento educacional especializado, preferencialmente na rede regular de ensino,

com a garantia de sistema educacional inclusivo, de salas de recursos multifuncionais, classes, escolas ou serviços especializados, públicos ou conveniados (Brasil, 2014).

Esses novos espaços escolares, propostos no Decreto n.º 5626/05, configurar-se-iam de forma diferente das antigas escolas especiais, cujo foco era a oralização e a leitura labial, enfatizando o aprendizado dos conteúdos escolares na língua primeira dos surdos, de acordo com a legislação.

É preciso, no entanto, levantar uma discussão a respeito das estratégias propostas. A introdução de profissionais bilíngues e/ou fluentes em Libras pode não garantir um ensino bilíngue. Para que a educação seja de fato bilíngue, as línguas precisam fazer parte do ambiente escolar. A comunidade escolar precisa se envolver. Manter um intérprete em sala de aula não garante ensino bilíngue.

O professor bilíngue ministrará aulas utilizando a Libras como língua de instrução, e isso pressupõe que seu público-alvo seja de alunos surdos e/ou pessoas usuárias da Língua de Sinais. A classe bilíngue, de acordo com o decreto, é aberta a surdos e ouvintes. Lodi explica que:

> A primeira menção ao conceito ocorre no caput do Artigo 22, onde se lê que, a fim de garantir a inclusão de alunos surdos, as instituições de ensino responsáveis pela educação básica devem assegurar espaços educacionais bilíngues a esses alunos. Logo em seguida, nos Incisos I e II desse mesmo Artigo, tais espaços são caracterizados como abertos a surdos e ouvintes. Essa orientação, que a princípio poderia sugerir a defesa da matrícula desses alunos nas salas regulares de ensino, se posta em diálogo com o todo do texto, enfatiza, na verdade, a compreensão de um ensino regular (em oposição ao especial) a pessoas surdas, ou seja, a ideia de que a escolarização de surdos e ouvintes seja a mesma (salvo a língua de instrução), implicando a igualdade de condições/oportunidades educacionais para todos (Lodi, 2013, p. 60).

A Língua Portuguesa deverá ser oferecida na modalidade escrita, porém enfatizando-se que o propósito da educação dos surdos não passará pela modalidade oral, habilidade à qual o aluno não pode corresponder adequadamente por conta das questões auditivas impeditivas. Com a Língua de Sinais, mesmo os alunos que oralizam podem ser beneficiados sem prejudicar o desenvolvimento da oralização.

Para garantir o que é levantado na meta 4 para os estudantes surdos, são discriminadas as seguintes estratégias:

Estratégia:

4.7) garantir a oferta de educação bilíngue, em Língua Brasileira de Sinais - LIBRAS como primeira língua e na modalidade escrita da Língua Portuguesa como segunda língua, aos (as) alunos (as) surdos e com deficiência auditiva de 0 (zero) a 17 (dezessete) anos, em escolas e classes bilíngues e em escolas inclusivas, nos termos do art. 22 do Decreto nº 5.626, de 22 de dezembro de 2005, e dos arts. 24 e 30 da Convenção sobre os Direitos das Pessoas com Deficiência, bem como a adoção do Sistema Braille de leitura para cegos e surdos-cegos;

4.13) apoiar a ampliação das equipes de profissionais da educação para atender à demanda do processo de escolarização dos(das) estudantes com deficiência, transtornos globais do desenvolvimento e altas habilidades ou superdotação, **garantindo a oferta de professores(as)** do atendimento educacional especializado, profissionais de apoio ou **auxiliares, tradutores(as) e intérpretes de Libras, guias-intérpretes para surdos-cegos, professores de Libras, prioritariamente surdos, e professores bilíngues** (Brasil, 2014, grifos nossos).

O texto traz a garantia de educação bilíngue dos 0 aos 17 anos, citando o que está disposto no Decreto n.º 5626/05. De certa forma, esse trecho contradiz a estratégia da Meta 1 comentada acima, porque nela está escrito que a educação infantil será contemplada por meio do Atendimento Educacional Especializado, mas a meta 4.7 diz que o atendimento a crianças da educação infantil será realizado de acordo com o artigo 22 do Decreto n.º 5626/05, que diz:

Art. 22. As instituições federais de ensino responsáveis pela educação básica devem garantir a inclusão de alunos surdos ou com deficiência auditiva, por meio da organização de:

I – escolas e classes de educação bilíngue, abertas a alunos surdos e ouvintes, com professores bilíngues, na educação infantil e nos anos iniciais do ensino fundamental;

§ 1º São denominadas escolas ou classes de educação bilíngue aquelas em que a Libras e a modalidade escrita da Língua Portuguesa sejam línguas de instrução utilizadas no desenvolvimento de todo o processo educativo (Brasil, 2005).

Como já citado anteriormente, este trabalho considera escola/classe bilíngue de acordo com o texto de Lodi (2013), em que a autora explica o que são essas escolas e classes abertas a alunos surdos e ouvintes, quer dizer, espaços em que o conteúdo curricular seja o mesmo, mas que suas formas de ensino e a metodologia implicada se deem de acordo com as necessidades dos alunos, por assim dizer, Língua de Sinais como língua de instrução para surdos e Língua Portuguesa nas modalidades oral/escrita para alunos ouvintes.

A meta 5 propõe a alfabetização das crianças até o final do 3º ano; no entanto, nas estratégias, o ponto 5.7 estabelece que crianças surdas devem ser alfabetizadas sem um estabelecimento temporal. Isso pode denunciar alguns pré-conceitos[6] sobre as capacidades dos alunos.

> **Meta 5:** alfabetizar todas as crianças, no máximo, até o final do 3º (terceiro) ano do ensino fundamental.
>
> **Estratégias:**
>
> 5.7) apoiar a alfabetização das pessoas com deficiência, considerando as suas especificidades, inclusive **a alfabetização bilíngue de pessoas surdas**, sem estabelecimento de terminalidade temporal (Brasil, 2014, grifo nosso).

Não estabelecer terminalidade temporal pode dar margem a uma dupla interpretação: a de que os espaços escolares ainda estão se organizando para promover esse trabalho — dessa forma, não estabelecer tempo poderá garantir atividades mais significativas — e tentar assegurar que crianças que não tenham tido acesso a L1 possam fazê-lo nesse período de tempo.

Em contrapartida, pode também dar margem para pensarmos que pessoas surdas não são capazes de aprender no mesmo tempo que os ouvintes.

Por tudo o que destacamos até o momento, as pessoas surdas não tiveram oportunidades para que pudessem demonstrar o quanto e como podem se desenvolver pedagogicamente. Não estabelecer um tempo para a aprendizagem pode retomar e/ou perpetuar as práticas de esvaziamento e facilitação no processo de ensino-aprendizagem para surdos.

A meta 5 se compromete com a alfabetização das crianças. Então, para as crianças surdas esse comprometimento deve ser mantido — a

---

[6] Foi grafado desta maneira por entendermos como a composição da palavra tem peso, pois se trata de algo prévio, conceitos pré estabelecidos sem levar em conta o contexto.

alfabetização em Libras, por exemplo. As estratégias 5.5 e 5.7, que se comprometem com a alfabetização de minorias, como indígenas, comunidades quilombolas, educação do campo e educação bilíngue para surdos, talvez devessem usar o termo *letramento* e não utilizar termos como o verbo *apoiar* — termo vago — enquanto as outras estratégias apresentam verbos mais pontuais como: *promover, fomentar, instituir.*

É importante notar que esses verbos não só indicam que todos serão atendidos, como também explicitam noções sobre esse atendimento. Essas palavras não estão no texto por acaso. Elas desempenham uma função político-ideológica.

> Nenhum signo cultural, quando compreendido e dotado de um sentido, permanece isolado: torna-se parte da *unidade da consciência verbalmente constituída*. A consciência tem o poder de abordá-lo verbalmente [...] Todas as propriedades da palavra ...fazem dela o objeto fundamental do estudo das ideologias. As leis da refração ideológica da existência em signos e em consciência, suas formas e seus mecanismos, devem ser estudados, antes de mais nada, a partir desse material que é a palavra. A única maneira de fazer com que o método sociológico marxista dê conta de todas as profundidades e de todas as sutilezas das estruturas ideológicas 'imanentes' consiste em partir da filosofia da linguagem concebida como filosofia do signo ideológico (Bakhtin; Volochínov, 2009, p. 38-39).

O trecho acima pode ser lido de diversas formas de acordo com o viés ideológico que assuma; nesse caso, se pensarmos na alfabetização das crianças ouvintes e sem deficiência como algo possível e que deva ser concretizado, enquanto para as minorias como algo desejável e um pouco mais difícil, não assumimos a responsabilidade pelos possíveis fracassos. Pode-se, ainda, pensar na construção da identidade deficiente que vem sendo tecida ao longo dos anos.

> **Meta 7:** fomentar a qualidade da educação básica em todas as etapas e modalidades, com melhoria do fluxo escolar e da aprendizagem de modo a atingir as seguintes médias nacionais para o Ideb:
>
> 7.8) desenvolver indicadores específicos de avaliação da qualidade da educação especial, bem como da **qualidade da educação bilíngue para surdos** (Brasil, 2014, grifo nosso).

A meta 7 prevê a avaliação da educação pensando no indicador de qualidade Ideb (Índice de Desenvolvimento da Educação Básica); isto é, se todas as estratégias e metas forem cumpridas, o desenvolvimento da educação básica apresentará crescimento. A estratégia 7.8, no entanto, prevê a criação de indicadores específicos para pessoas com deficiência, o que pode dar a entender que crianças deficientes não conseguem alcançar níveis aceitáveis, e que a educação bilíngue para surdos ainda precisa adquirir mais qualidade.

Quando as estratégias do plano preveem educação bilíngue para os surdos, podemos entender que já existe uma preocupação que envolve as duas línguas no processo de ensino e aprendizagem dos surdos, mas não fica claro de que tipo ou experiência bilíngue se trata.

> A inclusão escolar de crianças e jovens surdos deveria pressupor uma educação transformadora mediada por experiências linguísticas e culturais plenamente acessíveis ao sujeito da aprendizagem, pela organização de espaços de escolarização específicos para surdos, sobretudo na educação infantil e séries iniciais, promotores do pleno desenvolvimento da Libras e da língua portuguesa como patrimônios históricos e culturais brasileiros. As classes e escolas bilíngues para surdos são taticamente necessárias para essa educação verdadeiramente inclusiva, revolucionária, no sentido de superar o mero respeito às diferenças, especulado pela igualdade de tratamento jurídico como bem tutelado pelo Estado, em direção à real emancipação social dos estudantes e trabalhadores surdos brasileiros (Fernandes; Moreira, 2014, p. 67).

Um último documento legal é considerado neste trabalho: a Lei n.º 13.146, de 2015, Lei da Inclusão da Pessoa com Deficiência, que entrou em vigor em janeiro de 2016:

> Art. 1º. É instituída a Lei Brasileira de Inclusão da Pessoa com Deficiência (Estatuto da Pessoa com Deficiência), destinada a assegurar e a promover, em condições de igualdade, o exercício dos direitos e das liberdades fundamentais por pessoa com deficiência, visando à sua inclusão social e cidadania (Brasil, 2015).

De acordo com todos os documentos analisados até o momento, esse é mais um dos universais e ideologicamente a favor de todos nos mesmos espaços físicos. Não dá para negar que pode trazer garantias, mas deve ser igualmente problematizado a fim de entender qual tipo de inclusão defende.

Destacamos as considerações a respeito dos surdos no capítulo de direito à educação, que pontuamos a seguir, para promover maior reflexão.

> Art. 27. A educação constitui direito da pessoa com deficiência, assegurados sistema educacional inclusivo em todos os níveis e aprendizado ao longo de toda a vida, de forma a alcançar o máximo desenvolvimento possível de seus talentos e habilidades físicas, sensoriais, intelectuais e sociais, segundo suas características, interesses e necessidades de aprendizagem.
>
> IV - oferta de educação bilíngue, em Libras como primeira língua e na modalidade escrita da língua portuguesa como segunda língua, em escolas e classes bilíngues e em escolas inclusivas;
>
> § 2º. Na disponibilização de tradutores e intérpretes da Libras a que se refere o inciso XI do **caput** deste artigo, deve-se observar o seguinte:
>
> I – os tradutores e intérpretes da Libras atuantes na educação básica devem, no mínimo, possuir ensino médio completo e certificado de proficiência na Libras;
>
> II – os tradutores e intérpretes da Libras, quando direcionados à tarefa de interpretar nas salas de aula dos cursos de graduação e pós-graduação, devem possuir nível superior, com habilitação, prioritariamente, em Tradução e Interpretação em Libras.
>
> VI – adoção de critérios de avaliação das provas escritas, discursivas ou de redação que considerem a singularidade linguística da pessoa com deficiência, no domínio da modalidade escrita da língua portuguesa;
>
> VII – tradução completa do edital e de suas retificações em Libras (Brasil, 2015)

A Lei Brasileira da Inclusão da Pessoa com Deficiência (LBIPD) transforma em artigos o que durante muito tempo vem sendo discutido e que, de certa forma, aparece em alguns dos documentos anteriores, principalmente o que embasou o texto da lei a Política Nacional de Educação Especial na Perspectiva da Educação Inclusiva de 2008.

O documento busca garantir ao surdo uma educação bilíngue (consenso entre os estudiosos da área), mas não define qual experiência bilíngue adota, garante a presença do intérprete de Libras nos ambientes educativos, de saúde e cultural, e também garante a Língua Portuguesa como L2. Mas a efetivação de uma educação bilíngue de qualidade, mesmo amparada pela lei, ainda não é concretizada.

A ideia permanece ainda muito mais próxima das experiências do AEE do que do que é previsto no Decreto n.º 5626/05, sendo esse documento o que mais norteia e dá condições de pensar em educação para o público surdo.

> Há uma clara contradição entre o que diz a letra da Lei — a educação bilíngue — e a prática cotidiana das escolas — a educação especial. Na atual configuração da educação inclusiva e do atendimento educacional especializado (AEE) a Libras não assume centralidade como língua principal na dialogia que envolve estudantes surdos nas escolas. Crianças surdas demandam essas experiências para se tornarem membros efetivos das comunidades linguísticas que lhes dariam o direito à Libras como língua materna. A inexistência de espaços comunitários para sua circulação e complexificação nega à Libras seu caráter ontológico de língua com potencial para se tornar patrimônio cultural da sociedade brasileira (Fernandes; Moreira, 2014, p. 66).

Algumas experiências são realizadas em nome da abordagem bilíngue, que é amparada legalmente e que exige a presença de alguns profissionais (professor bilíngue, professor surdo, intérpretes de Libras/Língua Portuguesa) nos espaços escolares. O projeto e o papel de cada um desses profissionais dentro nesses ambientes ainda não são muito claros, dando margem a diversas interpretações de educação bilíngue para surdos.

Nessa retrospectiva vários aspectos sobre a concepção e o modo de interpretar os surdos são levantados, e os aspectos educativos para esse público acabam sendo incorporados nas abordagens e/ou filosofias educacionais chamadas Oralismo, Comunicação Total e Bilinguismo. O fato é que muitas vezes práticas educativas pertencentes a uma dessas abordagens são incorporadas e equivocadamente confundidas com as de outras, ou seja, as abordagens mudam, mas na prática as atividades permanecem as mesmas.

TRAJETÓRIA PEDAGÓGICA DOS SURDOS: CONTEXTUALIZANDO POR MEIO DAS ABORDAGENS

O Nome Disso
(Arnaldo Antunes)

O nome disso é mundo

O nome disso é terra
O nome disso é globo
O nome disso é esfera
O nome disso é azul
O nome disso é bola
O nome disso é hemisfério

O nome disso é planeta
O nome disso é lugar
O nome disso é imagem
O nome disso é Arábia Saudita
O nome disso é Austrália
O nome disso é Brasil

Como é que chama o nome disso?
Como é que chama o nome disso?
Como é que chama o nome disso?
Como é que chama o nome disso?
O nome disso é rotação
O nome disso é movimento
O nome disso é representação

The word for what this is name
The name of this é isso
O nome disso is place
El nombre of name space
El nombre do nome esfera
O nome disso é ideia

O nome disso é chão
O nome disso é aldeia
O nome disso é isso
O nome disso é aqui
O nome disso é Sudão

O nome disso é África
O nome disso é continente

O nome disso é mundo
O nome disso é tudo
O nome disso é velocidade
O nome disso é Itália
O nome disso é Equador
O nome disso é coisa
O nome disso é objeto

Como é que chama o nome disso?
Como é que chama o nome disso?
Como é que chama o nome disso?
Como é que chama o nome disso?
Como é que chama o nome disso?
Como é que chama o nome disso?
Como é que chama o nome disso?
Como é que chama o nome disso?

Ainda que muitos outros autores já tenham trabalhado a Educação de Surdos (Brito, 1993; Goldfeld, 1997; Moura, 1999; Skliar, 1999; Sá, 2002), é importante retomar a história para compreendermos a trajetória construída pela instituição analisada.

Pretendemos, então, apresentar a trajetória da Educação de Surdos a partir de atividades realizadas em sala de aula durante os períodos regidos pelas diferentes abordagens educacionais: Oralismo, Comunicação Total e Bilinguismo.

Cabe ressaltar que cada uma das abordagens tem uma marca histórica no processo educativo dos surdos e que suas marcas ainda estão presentes nas propostas construídas em diferentes espaços ainda hoje.

Oralismo

O objetivo de orientar toda a educação das crianças surdas unicamente à aprendizagem da língua oral já se havia manifestado em outros momentos da história da surdez, mas é nesse período que o interesse se torna mais extremo e radical (Skliar, 2001, p. 112).

O Oralismo como abordagem educacional prioriza a fala, e todo o trabalho elaborado visa reabilitar os surdos, torná-los "normais", próximos aos ouvintes. É necessário fazê-los falar como se fossem ouvintes, ainda que sem a mesma fluência e/ou entonação, para que a partir daí sejam ensinados. Esse método coloca a responsabilidade do sucesso e/ou fracasso no indivíduo e proíbe o uso dos gestos.

As habilidades de cada estudante são postas à prova durante esse período de quase cem anos em que a abordagem vigorou no Brasil, pelo fato de que não ouvir é ao mesmo tempo depreciado e ignorado: depreciado em função da deficiência, o que se constata ao verificar a condição de submissão em que esses estudantes vivem. A primeira grande luta dos militantes surdos foi justamente o empoderamento e o reconhecimento das capacidades e condições para um convívio sem dificuldades, caso as barreiras da língua e pedagógicas fossem destruídas por um processo social e de formação de professores que atenda às diferenças. E ignorado em termos de não se levar em consideração a impossibilidade biológica, ou seja, a não possibilidade de ouvir naturalmente.

Não ouvir era, naquele momento histórico em torno de 1900 a início da década de 90, algo que se pensava como transitório, algo que dependeria exclusivamente do esforço pessoal e o empenho familiar. Seria necessário que todas as pessoas pudessem conviver em condições de equidade, favorecendo a real inclusão e a valorização das diferenças.

Os pais são orientados pelos médicos a procurar terapeutas de fala e a jamais utilizar os chamados "gestos" e/ou "mímicas". Essa atitude tentava garantir que os surdos não mostrassem sua condição em público.

> A abordagem educacional oralista é aquela que visa a capacitar a pessoa surda de utilizar a língua da comunidade ouvinte na modalidade oral como única possibilidade linguística, de modo que seja possível o uso da voz e da leitura labial tanto nas relações sociais como em todo processo educacional. A língua na modalidade oral é, portanto, meio e fim dos processos educativo e de integração social (Sá, 1999, p. 69, grifos nossos).

A língua oral como meio e fim dos processos educativos impede a participação efetiva desses alunos. A crença é de que as próteses auditivas e o longo treinamento de fala possam promover a integração dos surdos no processo educativo, com limitações, claro, por se tratar de pessoas com deficiência.

O uso da voz e o treino da leitura labial precisam ser problematizados, não é algo simples nem tranquilo; exige das pessoas com deficiência muito empenho e disciplina, bem como dos pais. É preciso realizar sessões de terapia durante a semana e também em casa.

De acordo com Fernandes (2011, p. 39), "o Oralismo prevaleceu como filosofia educacional predominante no período que compreendeu a década de 1880 até meados de 1960", se pensarmos em termos mundiais, porque no Brasil a Comunicação Total, que aparece logo após o Oralismo, chega aos espaços escolares por volta de 1990.

O Oralismo vigorou durante muito tempo nos espaços educativos, e à luz dessa abordagem profissional se formaram pedagogos, fonoaudiólogos, otorrinolaringologistas, todos acreditando nas incapacidades dos deficientes auditivos e trabalhando para promover a normalização dessas pessoas.

Esses métodos pedagógicos especiais contavam com treinamento fonoarticulatório dos estudantes e colocação de fonemas[7]. Os alunos passavam o tempo de escola treinando exercício vocais. Alguns desses exercícios não tinham contexto, eram apenas para repetição. "Para que o deficiente da audição possa alcançar resultados positivos, será necessário o emprego de métodos pedagógicos especiais, capazes de proporcionar a estimulação adequada, tornando possível a aquisição e o desenvolvimento oral" (Couto, 1986, p. 11, grifo nosso)

Quase cem anos apostando na reabilitação trouxeram consequências; afinal, muitos surdos não alcançavam sucesso por conta das impossibilidades físicas (não funcionamento auditivo). No entanto isso foi revertido em uma questão personificada no indivíduo e não no método. Mesmo assim, alguns estudos foram mudando desde a década de 1960 os rumos da educação dos surdos.

No livro de Maria Aparecida Leite Soares, de 1999, ela reproduz estudos realizados nos Estados Unidos com instruções para os professores de crianças com deficiência auditiva. Alguns trechos são bem relevantes:

> [...] recomenda-se que é necessário possuir conhecimento prático da física do som e obter domínio do equipamento acústico de que vai dispor. As salas de aula têm que ser

---

[7] No curso de formação Pedagogia com habilitação para Deficientes da Audiocomunicação, aprendíamos a "colocar" fonemas nos alunos, a partir de atividades, como passar algo nos lábios para que as crianças pudessem perceber a articulação do fonema /m/, por exemplo, e dessa forma se apropriar dele.

> isentas de ruídos externos e internos, o volume do equipamento tem que ser ajustado aos fones individuais, de acordo com a audição de cada aluno. A estimulação começa com a apresentação de sons fortes provindos de instrumentos como tambor, címbalos (instrumentos de corda), gongo, campainhas (Soares, 1999, p. 72).

Eram indicados trabalhos fora da sala de aula com terapias fonoaudiológicas para desenvolvimento da fala e adaptação de próteses auditivas; porém, mesmo com todos esses esforços individuais e familiares, um número significativo de estudantes não alcançava sucesso.

Uma apostila datilografada guiou os trabalhos de muitos professores, na década de 1980, no município de São Paulo. Em sua apresentação, incentivava o trabalho dos professores e creditava a Deus a escolha dos profissionais que iriam auxiliar no ensino dos deficientes auditivos, como um sacerdócio.

Para o ambiente escolar, a promoção da reabilitação dos estudantes permanecia, as atividades eram todas voltadas para validar essa crença na normalização a fim de, a partir daí, utilizar os mesmos métodos dispensados aos ouvintes.

As indicações nas figuras a seguir, da mesma apostila, mostram como eram sinalizados o ritmo e a intensidade desses sons. Considerava-se necessário fazer com que os deficientes auditivos emitissem os sons e os regulassem, a fim de poder dizer as sílabas e, consequentemente, as palavras, para então poder completar o ciclo da alfabetização da mesma forma que os ouvintes.

Esse procedimento emperrava a continuidade dos estudos dos alunos com deficiência auditiva. Eles cursavam mais de uma vez a mesma série até conseguirem alcançar a meta dos fonemas planejados e dar continuidade ao processo educativo.

Figura 1 – Página de livro com exemplos de exercícios de vocalizações

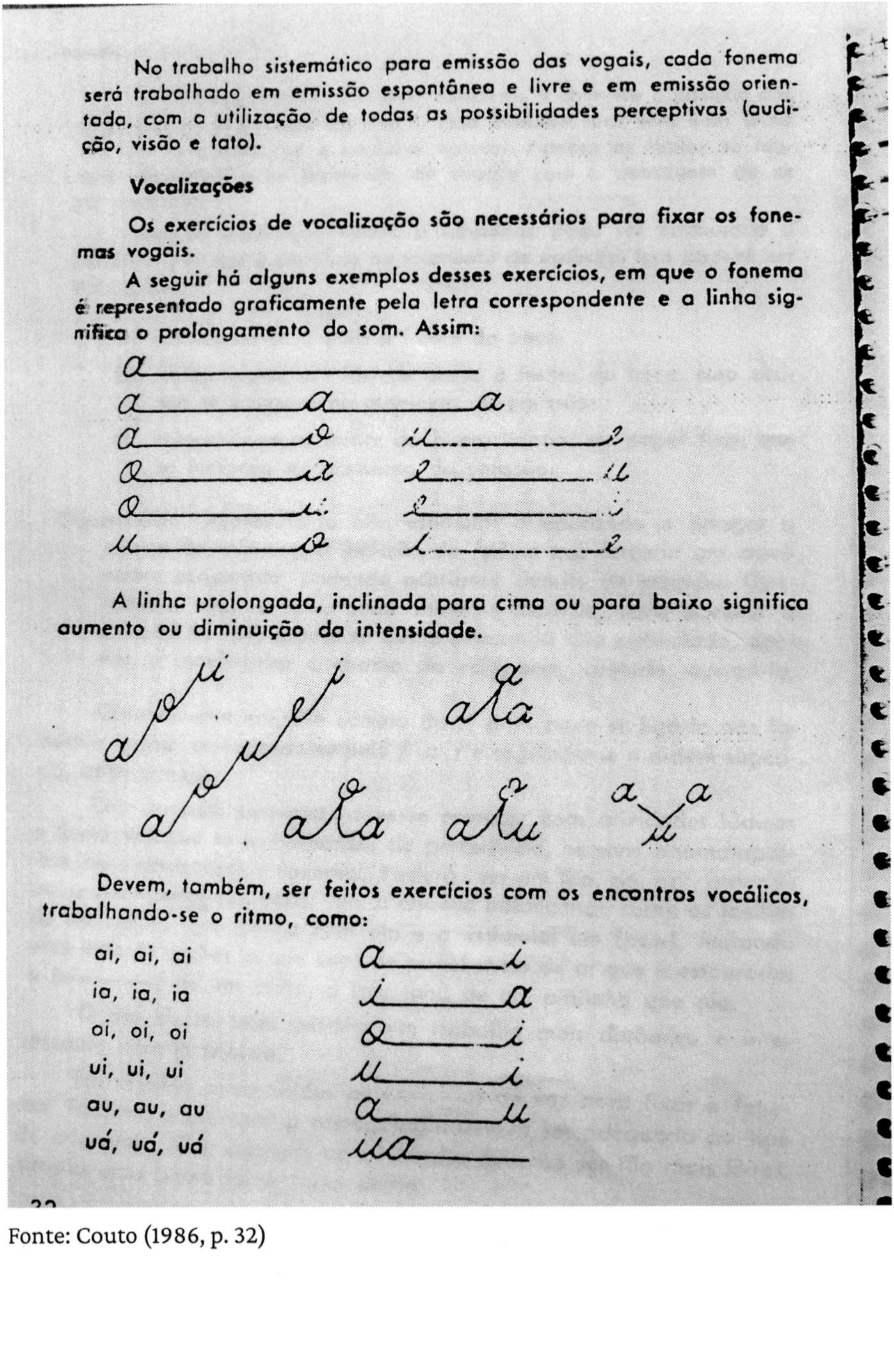

No trabalho sistemático para emissão das vogais, cada fonema será trabalhado em emissão espontânea e livre e em emissão orientada, com a utilização de todas as possibilidades perceptivas (audição, visão e tato).

Vocalizações

Os exercícios de vocalização são necessários para fixar os fonemas vogais.

A seguir há alguns exemplos desses exercícios, em que o fonema é representado graficamente pela letra correspondente e a linha significa o prolongamento do som. Assim:

A linha prolongada, inclinada para cima ou para baixo significa aumento ou diminuição da intensidade.

Devem, também, ser feitos exercícios com os encontros vocálicos, trabalhando-se o ritmo, como:

ai, ai, ai
ia, ia, ia
oi, oi, oi
ui, ui, ui
au, au, au
uá, uá, uá

Fonte: Couto (1986, p. 32)

Figura 2 – Página do livro com exercícios de fonemas

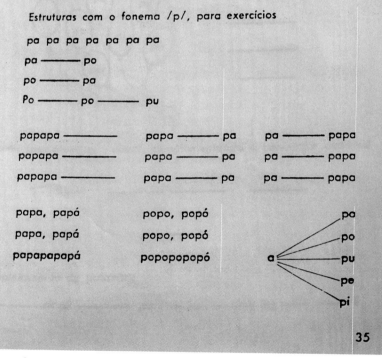

Fonte: Couto (1986, p. 35)

À época, a escola para deficientes auditivos era muito mais um espaço terapêutico do que necessariamente um espaço escolar. O trabalho dos professores não era o de passar conteúdos e discutir os conceitos, mas sim o de reabilitação da fala.

A formação desse professor incluía aprendizagem de recursos para colocação de fonemas, o funcionamento e manuseio dos Aparelhos de Amplificação Sonora Coletivos e Individuais.

A crença estava na normalização dos sujeitos, que os tornaria "quase" ouvintes; por isso, realizava-se um trabalho de cunho fonoaudiológico em detrimento do trabalho pedagógico.

> [...] uma série de exercícios visando ao treinamento da audição, quanto à presença e ausência dos sons e o reconhecimento das notas agudas e graves. As respostas deveriam ser dadas através do movimento de levantar e abaixar os braços. Para isso, recorrem à música, recomendando que o professor toque e para o disco repetidas vezes. Primeiramente, isso é feito de maneira que os alunos observem e levantem a mão quando o disco estiver tocando e abaixa as mãos quando a música parar. Num segundo momento, a professora repetirá esse mesmo exercício, mas com os alunos de costas, de modo que não vejam o professor executar os movimentos de ligar e desligar o som (Soares, 1999, p. 73).

Pistas visuais imitando as formas da boca na produção dos fonemas eram constantemente trabalhados. Considerava-se que as crianças pudessem imitar as figuras e, dessa forma, fossem estimuladas a repetir reproduzindo os sons.

Figura 3 – Exemplo de vocalizações das vogais – método fônico

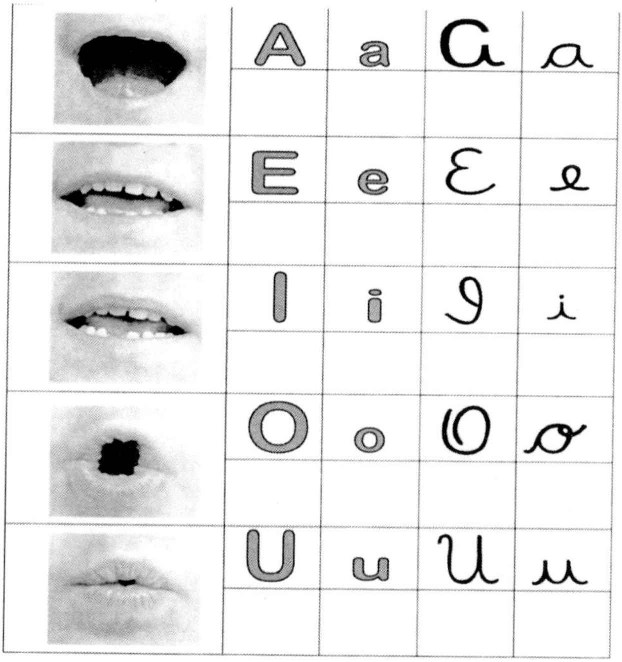

Fonte: Apostila de alfabetização do método fônico[8]

Essa atividade fazia parte da rotina semanal de aprendizagem dos alunos surdos na escola. A cada fonema aprendido, essas imagens eram apresentadas para que fossem assimiladas, repetidas e observadas.

Além de colar nos cadernos as imagens e repeti-las na escola e em casa, deveriam com base nas pistas também escrever o fonema produzido, depois as sílabas e, enfim, as palavras.

Como se acreditava que primeiro deveria ser ensinado o som e a partir daí a escrita, o método fônico foi levado para dentro das escolas e classes especiais de surdos para que a aprendizagem ocorresse, porque atendia ao princípio "primeiro som, depois a correspondência gráfica".

---

[8] "O método fônico ou fonético integra o conjunto dos métodos sintéticos que privilegiam as correspondências grafofônicas. Seu princípio organizativo é a ênfase na relação direta entre fonema e grafema, ou seja, entre o som da fala e a escrita. Este método surge como uma reação às críticas à soletração, e seu uso é mencionado na França, por Vallange, em 1719; na Alemanha, por Enrique Stefhani, em 1803; e é trabalhado por Montessori, na Itália, em 1907. Nesse método o ensino se inicia pela forma e pelo som das vogais, seguidas pelas consoantes. Cada letra (grafema) é aprendida como um som (fonema) que, junto a outros fonemas, pode formar sílabas e palavras. Para o ensino dos sons, há uma sequência que deve ser respeitada — dos mais simples para os mais complexos". Disponível em: http://ceale.fae.ufmg.br/app/webroot/glossarioceale/verbetes/metodo-fonico-ou-fonetico.

Figura 4 – Exemplo de exercícios com combinação das vogais vocalizadas método fônico

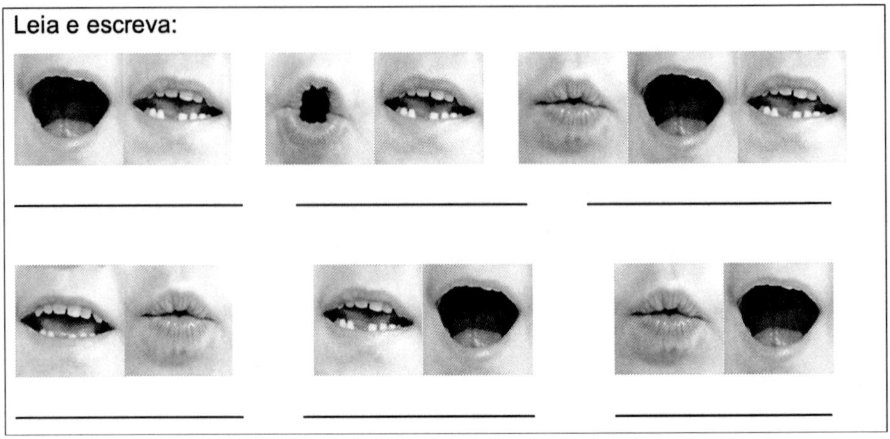

Leia e escreva:

Fonte: Apostila de alfabetização do método fônico

Na atividade acima, era pedido aos estudantes que observassem as bocas, tentassem reproduzir os sons e associassem esse som a uma letra. Cada uma das fotos apresenta a articulação de um fonema, e a junção deles forma uma sílaba, ou nem sempre sílabas, mas junção de letras.

Esse processo é o de validação e treinamento de leitura labial. Esse método era trabalhado pelos terapeutas (para algumas crianças) fora da escola e também dentro da unidade escolar pelo pedagogo.

O material que guiava os professores do ensino municipal de São Paulo, denominado "Programa de estruturação sistematizada da linguagem", sistematizava e apresentava de que forma as atividades deveriam ser desenvolvidas. Tinha como objetivo "fazer o deficiente auditivo adquirir o espírito da língua" (Braga, 1983, p. 2).

REFLEXÕES SOBRE O UNIVERSO PEDAGÓGICO NA EDUCAÇÃO BILÍNGUE PARA SURDOS

Figura 5 – Página da apostila contendo a explicação de exercícios para alfabetização

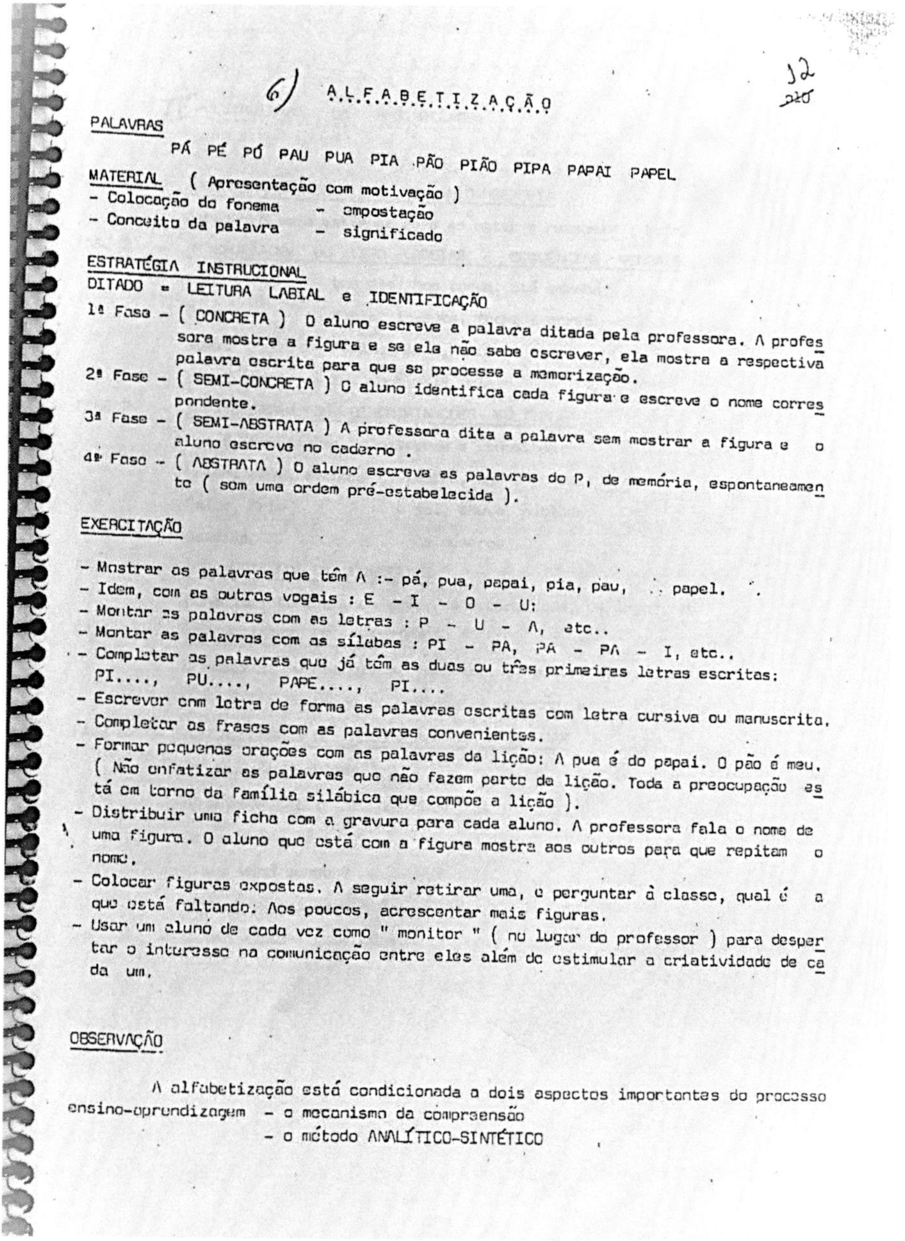

6) A.L.F.A.B.E.T.I.Z.A.Ç.Ã.O

PALAVRAS

PÁ PÉ PÓ PAU PUA PIA PÃO PIÃO PIPA PAPAI PAPEL

MATERIAL (Apresentação com motivação)
– Colocação do fonema   – compostação
– Conceito da palavra   – significado

ESTRATÉGIA INSTRUCIONAL
DITADO = LEITURA LABIAL e IDENTIFICAÇÃO

1ª Fase – (CONCRETA) O aluno escreve a palavra ditada pela professora. A professora mostra a figura e se ela não sabe escrever, ela mostra a respectiva palavra escrita para que se processe a memorização.
2ª Fase – (SEMI-CONCRETA) O aluno identifica cada figura e escreve o nome correspondente.
3ª Fase – (SEMI-ABSTRATA) A professora dita a palavra sem mostrar a figura e o aluno escreve no caderno.
4ª Fase – (ABSTRATA) O aluno escreve as palavras do P, de memória, espontaneamente (sem uma ordem pré-estabelecida).

EXERCITAÇÃO

– Mostrar as palavras que têm A :– pá, pua, papai, pia, pau, papel.
– Idem, com as outras vogais : E – I – O – U:
– Montar as palavras com as letras : P – U – A, etc..
– Montar as palavras com as sílabas : PI – PA, PA – PA – I, etc..
– Completar as palavras que já têm as duas ou três primeiras letras escritas:
PI...., PU...., PAPE...., PI....
– Escrever com letra de forma as palavras escritas com letra cursiva ou manuscrita.
– Completar as frases com as palavras convenientes.
– Formar pequenas orações com as palavras da lição: A pua é do papai. O pão é meu.
(Não enfatizar as palavras que não fazem parte da lição. Toda a preocupação está em torno da família silábica que compõe a lição).
– Distribuir uma ficha com a gravura para cada aluno. A professora fala o nome de uma figura. O aluno que está com a figura mostra aos outros para que repitam o nome.
– Colocar figuras expostas. A seguir retirar uma, e perguntar à classe, qual é a que está faltando. Aos poucos, acrescentar mais figuras.
– Usar um aluno de cada vez como " monitor " (no lugar do professor) para despertar o interesse na comunicação entre eles além de estimular a criatividade de cada um.

OBSERVAÇÃO

A alfabetização está condicionada a dois aspectos importantes do processo ensino-aprendizagem – o mecanismo da compreensão
– o método ANALÍTICO-SINTÉTICO

Fonte: Braga (1983)

A apostila era uma espécie de manual. Os professores ingressantes no trabalho do município de São Paulo recebiam uma cópia assim que chegavam, e ela funcionava como uma espécie de cartilha. A imagem acima mostra como as atividades eram planejadas, primeiro com as palavras que deveriam ser trabalhadas que eram parte do fonema selecionado, um trabalho muito próximo ao das cartilhas com famílias silábicas.

No exemplo: pá, pé, pó, pau, pia, pua[9], pão, pião, pipa, papai, papel. Essas palavras não têm nenhuma relação entre si a não ser a letra inicial, o fonema. Uma delas, "pua", não faz parte do nosso cotidiano, não é uma palavra usada convencionalmente em situações conversacionais, ou seja, não aparece nos textos nem nos diálogos.

Como material necessário para a realização dessa atividade consta "apresentação com motivação", e o trabalho deve ser o de colocação de fonema ("empostação") e conceito da palavra "significado". Essa motivação muitas vezes era realizada com apoio de figuras.

O próprio material em seu capítulo de fundamentação diz:

> A princípio, o professor não deve ocupar-se dos defeitos de articulação, apenas levará o aluno a repetir a palavra mal pronunciada, porém sem insistir nem corrigir. Se depois de repetidas vezes percebe que alguma letra é omitida ou mal pronunciada, deverá intervir. A articulação sem exercícios especiais é geralmente boa, salvo uma ou outra letra que é necessário ensinar especialmente (Braga, 1983, p. 2).

Naquele momento, então, era preciso realizar um trabalho com o fonema "P" com vários exercícios de repetição que envolviam a emissão e percepção desse som. Em seguida, o trabalho com as palavras destacadas dava continuidade ao trabalho com o fonema (contexto) e acrescentava outros elementos (fonemas) com figuras de identificação das palavras trabalhadas.

Durante o período em que o Oralismo esteve presente nas escolas, ou seja, de 1952, com a fundação da atual Emebs Helen Keller, até a década de 1990, os professores tinham uma caixinha de imagens, geralmente

---

[9] "Pua sf (lat *puga, de pungere) 1 Ponta aguçada. 2 Haste terminada em bico. 3 Bico de verruma. 4 Instrumento para furar, movido por meio de um arco. 5 Haste da espora. 6 Intervalo entre os dentes do pente do tear. 7 Aguilhão, espinho, ferrão. 8 Espora de aço que se põe nos galos de briga. 9 pop Embriaguez. P. braba: situação muito opressiva. P. mansa: pua algo rombuda. Entrar na pua: levar pancada. Gemer na pua: sofrer com pancadas. Senta a pua! (lema dos soldados da Aeronáutica): crava a espora!" Disponível em: http://michaelis. uol.com.br/moderno/portugues/index.php?lingua=portugues-portugues&palavra=Pua.

quadrada e de madeira com muitas figuras que recortavam de revistas, livros e panfletos. As fichas geralmente tinham o mesmo tamanho e eram separadas por letras na ordem alfabética, um recurso interessante para ampliação de vocabulário. No entanto o que era cobrado dos alunos ultrapassava os limites físicos/biológicos que possuíam — nesse caso, que não possuíam: a audição.

A estratégia instrucional aparece em quatro fases, indica uma espécie de gradação: Concreta, Semiconcreta, Semiabstrata e Abstrata, partindo da figura e apresentação da palavra (oral e/ou figura) até a escrita de memória, a vocabularização do saber.

Os exercícios mostram alguns exemplos de atividades para serem realizadas com os alunos, pensando na alfabetização como um processo que vai da parte ao todo, comum também aos ouvintes nesse momento, por meio da proposta tradicional de ensino: letras, sílabas, palavras, frases, orações e textos, até que os alunos fossem capazes de dar conta dessas palavras eleitas no início do planejamento de memória, ora escrevendo a palavra, ora completando com essas palavras lacunas em frases ou textos.

Também é importante ressaltar que parte do trabalho da abordagem oralista visava ao aprendizado e treino da leitura labial. Esse era um exercício realizado não somente dentro das escolas e nas clínicas, mas também em casa. A família era parte muito importante nesse processo, pois tinha grande responsabilidade no processo que poderia indicar o sucesso ou fracasso de seus filhos com deficiência.

Sá (1999) faz uma retrospectiva histórica sobre a educação de surdos, e no capítulo sobre Oralismo apresenta algumas falas de entrevistas com professores, pais e alguns alunos surdos, chamados de deficientes auditivos. Para exemplificar como os professores agiam em relação às atividades que apresentei acima, cito um excerto curioso recolhido pela pesquisadora.

> Em sala de aula, eu tinha condição de fazer tudo, não é como hoje que a criança sai para a cabine de fala. Nós não, nós tínhamos a parte de fala em sala de aula, a parte de treinamento auditivo; era feito um trabalho inteiro em sala de aula. Nesta época, a fono era a própria professora que foi destacada para ir para a cabine de fala.
>
> Eu tive a felicidade, mais tarde, de pegar um setor chamado Vibrassom que trabalhava com um método tipo Verbotonal

> (mas não era bem este). Foi uma experiência das melhores. Nós tínhamos fones nas salas. O aluno era retirado para a cabine de fala ou para a de ritmo e trabalhava com os mesmos fonemas que a gente estava trabalhando em sala de aula (P- Professora de Surdos) (Sá, 1999, p. 77-78).

Esse trecho mostra como as professoras realmente davam atenção e trabalhavam para que os alunos desenvolvessem a fala; sentiam-se até mesmo mais importantes em seu papel de professor com status clínico, reabilitador. Tudo era muito planejado, pensado e colocado em prática. As salas tinham espaços pensados para o trabalho de estimulação sonora.

Ao analisar as práticas desenvolvidas na abordagem oralista, faz--se necessário compreender o momento histórico em que ele ocorre, as propostas pedagógicas da época buscando não emitir juízos de valores atuais porque à época esses eram os métodos mais evoluídos e que possibilitariam melhores resultados, pensando na reabilitação.

A formação e a organização dos espaços escolares refletiam o que politicamente se pensava sobre as pessoas com deficiência, marcadas pela incapacidade a elas atribuída.

O Oralismo, que contou com mais de cem anos de prática nas salas de aula, não conseguiu levar muitos surdos ao sucesso. Embora fosse dito que com empenho e esforço os deficientes auditivos conseguiriam alcançar o sucesso, não foi o que aconteceu.

Muitos estudantes não conseguiam falar bem e consequentemente fracassavam na vida escolar e social. Deficientes possuíam seus espaços determinados. Não se esperava muito deles, somente a reprodução de algumas frases consideradas importantes, mas isso também apresentou problemas.

Então, no Brasil, no final dos anos 80 apareceu uma nova abordagem educacional que buscou amenizar a situação de fracasso na educação dos deficientes auditivos.

Comunicação Total

> A história da Comunicação Total não tem um fato histórico definido em seus primórdios, como a do Oralismo tem no Congresso de Milão, em 1880, o seu marco divisor. Sua história vai sendo construída na insatisfação que se

> manifesta mundialmente com os resultados da educação oralista que, após haver exposto várias gerações de surdos à sua orientação, não apresentou resultados satisfatórios (Sá, 1999, p. 106).

A Comunicação Total aparece no cenário educacional dos deficientes auditivos como alternativa ao Oralismo. A ideia central da abordagem é permitir o uso de sinais e de todo e qualquer recurso que permita uma comunicação com os estudantes.

Isso se configura num grande avanço, considerando que antes era terminantemente proibida a utilização de sinais/mímicas ou gestos. No entanto é importante ressaltar que, para a Comunicação Total, a tônica ainda é a da reabilitação, portanto um paradigma médico, e os estudantes ainda são deficientes auditivos em busca de cura.

> A premissa básica era a utilização de toda e qualquer forma de comunicação com a criança Surda, sendo que nenhum método ou sistema particular deveria ser omitido ou enfatizado. Para tanto dever-se-ia usar gestos naturais, Ameslan (American Sign Language – Língua de Sinais Americana), alfabeto digital, expressão facial, tudo acompanhado com fala ouvida através de um aparelho de amplificação sonora individual. A ideia era usar qualquer forma que funcionasse para transmitir vocabulário, linguagem e conceitos de ideias entre o falante e a criança surda. O conceito importante era fornecer uma comunicação fácil, livre, de dois caminhos entre a criança Surda e seu ambiente mais próximo (Northern; Downs, 1975[10] *apud* Moura, 2000, p. 57-58).

Nos EUA e no Brasil, o propósito primeiro dessa abordagem era a comunicação, e, como fruto desse processo, consolida-se um movimento no qual são utilizados os "emprestados" da Língua de Sinais e é realizada uma correspondência entre palavra e sinal — no caso do Brasil, Língua Portuguesa. Os deficientes auditivos estariam utilizando todo o potencial para a aprendizagem dos signos: compreensão das atividades e ampliação de vocabulário. Essa prática foi nomeada bimodalismo, pois trabalha com a utilização de duas modalidades de línguas diferentes; nesse caso específico, oral e visual, e leva a crer que exista uma correspondência entre sinal e palavra, o que descaracteriza a Língua de Sinais como língua, considerando-a exclusivamente como representação da língua majoritária.

---

[10] NORTHERN, J.; DOWNS, M. Hearing in Children. Maryland: The Willians and Wilkins Company, 1975.

Embora se esperassem melhores resultados aceitando os gestos e sinais, essa abordagem ainda não entendia o surdo como responsável pela aprendizagem. Eles ainda eram os deficientes auditivos do Oralismo que necessitavam de reabilitação.

As práticas em sala de aula ainda se confundiam com práticas clínicas e terapêuticas. Esperava-se que os alunos fossem capazes de dizer "oralmente" as sílabas, palavras e frases, assim como no Oralismo.

A língua oral ainda tinha um papel importante no processo, e orientações aos pais eram dadas a fim de que seus filhos deficientes aprendessem a leitura labial, para que, dessa forma, pudessem acompanhar os conteúdos escolares ministrados pelos professores. Em síntese o que mudou de fato foi uma aceitação de sinais. Muda o nome, mas a ênfase e a concepção de sujeito e língua permanecem as mesmas do Oralismo.

Em 1998, um material desenvolvido por um programa chamado Comunicar, realizado por uma clínica de Minas Gerais, com o apoio do Ministério da Educação e do Desporto, por intermédio da Secretaria de Educação Especial, chegou a algumas escolas que atendiam a população deficiente auditiva na rede estadual de ensino de São Paulo. Tratava-se de uma coleção com apostilas e fitas de vídeos que apresentava alguns modelos de atividades e exercícios para "reabilitação" dos alunos.

Embora no início deste tópico tenhamos escrito que na década de 90 tínhamos uma nova abordagem, a Comunicação Total, esse material de 1998 nos mostra o quanto de Oralismo ainda se fazia presente na escola e como os investimentos do próprio Ministério apoiavam e financiavam esses materiais.

O pacote de material contém cinco livros:

- Livro 1 – Orientações para a família e para a escola;
- Livro 2 – Exercícios psicomotores e psicopedagógicos anteriores à alfabetização;
- Livro 3 – Pequeno dicionário visual;
- Livro 4 – Aquisição e desenvolvimento da Língua de Sinais;
- Livro 5 – Aquisição da linguagem oral.

O conjunto do material é prescritivo, indicando que o trabalho deve ser realizado utilizando-se todas as formas de comunicação possíveis e todos os recursos. Aqui reside a crítica, uma vez que a Língua de Sinais não pode ser considerada recurso e/ou ferramenta apenas. O material a apresenta fora do contexto discursivo, e essa interpretação não favorece o entendimento de língua na sua completude.

O que nos convida à reflexão é que o Livro 5 é organizado para discutir e informar sobre aquisição da língua oral, e o primeiro ponto tratado é uma orientação familiar sobre a terapia de fala.

As Figuras 10, 11 e 12 apresentam o conteúdo desse material.

O que podemos constatar com esse material é que o aprendizado para as pessoas com deficiência auditiva é constante e repetitivo. Tudo que acontece na escola acontece na clínica de fonoaudiologia e também em casa, ou seja, a escola se torna uma extensão da clínica. O primeiro item diz que a criança precisa exercitar pelo menos 30 minutos por dia esse "condicionamento", mesmo durante finais de semana e feriados. A exigência é de um grande esforço por parte da criança e de toda a família.

Mesmo assim, muitos não conseguiam essa dedicação nem tinham condições e/ou habilidades para desenvolver tão bem a leitura labial e realizar uma boa oralização. Esses deficientes acabavam se tornando "mais deficientes" que os outros. Já traziam introjetado o fracasso e se conformavam com o que os ambientes educacionais lhes ofereciam: conteúdos esvaziados extensão da clínica fonoaudiológica.

Essa consideração é pertinente para nos mostrar o quanto as abordagens vão se "misturando", por assim dizer. As atividades da clínica e/ou da sala de aula não se modificam na mesma velocidade com que as teorias eram apresentadas; por isso, em 1998 temos uma prática ainda muito embasada no que era feito antes dessa nova abordagem.

Figura 6 – Orientação familiar proposta no Livro 5 da Coleção Comunicar Aquisição de fala (1)

5.1. Orientação familiar sobre a terapia de fala

Aquisição de fala

Seguem dicas, em linguagem simples, de como trabalhar com seus filhos a produção de fala e a aprendizagem da leitura labial.

1º - É preciso exercitar a criança em um período mínimo de 30 minutos diários (inclusive domingos e feriados).

2º - O ambiente de trabalho deve ser calmo e bem iluminado, sem nada que possa perturbar a atenção da criança.

3º - Deve-se praticar tendo um espelho que reflita, pelo menos, a imagem dos rostos da criança e o seu próprio. A criança deverá sempre ver os pontos e modos de articulação de cada fonema mostrados pelo pai frente ao espelho.

4º - Toda palavra nova, introduzida verbalmente, deve ser acompanhada do objeto real (ou figura, fotografia ou desenho), da escrita (para crianças acima de 6 anos) e pela Língua de Sinais nas aulas desta matéria, para reforçar a compreensão.

5º - A leitura labial é realizada anteriormente à emissão da fala pela criança. Esta deverá primeiro ler os lábios, compreender o que foi dito e depois falar. Por exemplo, ao treinar as palavras pato, tapete e pipoca juntas, é necessário que o pai fale as palavras, mostre o objeto (desenho, foto ou figura) de cada um deles e peça à criança para ler os lábios e identificá-las. Só depois será ensinada a fala destas palavras.

6º - Exercite as habilidades sensoriais da criança, como a visão , o tato e a proprioceptividade, ao ensinar a fala. O Livro 2, sobre psicomotricidade, contém interessantes atividades de estimulação sensorial.

7º - Os fonemas serão ensinados de acordo com o cronograma de introdução da preferência de cada professor. O que se segue é apenas uma sugestão da equipe da Escola FONO. A linguagem espontânea da criança deve ser estimulada e respeitada em suas características culturais e familiares.

8º - Nunca é demais insistir em que a aquisição da fala pelo surdo demanda atendimento especializado pela fonoaudiologia e que estes exercícios aqui expostos, por sua simplicidade, são apenas atividades complementares que os pais podem e devem fazer em casa.

9º - As classificações fonéticas que aqui apresentamos, e aquelas existentes no vídeo III, são as que apresentam maior concordância entre os autores consultados. Há variações dessa classificação segundo cada autor.

Errata: onde se lê no vídeo III, fonema (o) "a língua se afasta dos incisivos superiores", leia-se "dos incisivos inferiores".

Fonte: Caldeira (1998, p. 15)

Figura 7 – Orientação familiar proposta no Livro 5 da Coleção Comunicar Aquisição de fala (2)

Fonema (a): vocálico, médio, aberto, oral e sonoro.

(a) Os lábios estão bem abertos. A língua em repouso. Há vibração no pescoço (cordas vocais).

Exercícios:

1. Abrir e fechar os lábios lentamente;

2. Deixar a língua em repouso no assoalho da boca com a ponta tocando os dentes inferiores. Deixar a mandíbula bem relaxada, os lábios bem abertos e emitir o som (a);

3. Colocar a mão da criança no pescoço do pai (ou técnico) e depois no próprio pescoço para sentir a vibração das cordas vocais;

4. Fazer exercícios de bocejos para emissão do som: a ... ã ... a ... ã.

Fonema (e): vocálico, anterior, aberto, oral e sonoro.

(e) Os lábios estão um pouco menos abertos. A ponta da língua encosta-se nos dentes inferiores e sua parte anterior e dorso dobram-se um pouco (elevando-se). Há vibração no pescoço (cordas vocais).

Exercícios:

1. Massagear os lábios e bochechas;

2. Separar os lábios como na emissão do (e) e soprar;

3. Utilizar guias de língua ou pauzinho de picolé para colocá-la na correta posição para a emissão do (e). Colocar os lábios em posição correta e emitir o fonema (e);

4. Bocejar e deixar cair o véu do paladar para a emissão do fonema (ê);

Fonema (i): vocálico, anterior, fechado, oral, sonoro

(i) Os lábios estão pouco abertos. Os cantos da boca se contraem como um riso. A ponta da língua encosta-se nos dentes inferiores e sua parte da frente e dorso dobram-se, elevando-se. Há vibração das cordas vocais.

Exercícios:

1. Massagear os lábios;

2. Fazer "bico" e afastar os lábios na lateral , alternadamente ;

3. Colocar a língua em contato com os alvéolos dos incisivos inferiores e superiores alternadamente;

4. Arquear a ponta da língua e colocá-lo em repouso no assoalho da boca, alternadamente;

5. Colocar os O.F.A.(órgãos fonoarticulatórios) na posição do fonema (i) e emitir o som;

6. Colocar o dedo indicador sob a mandíbula para abrir a boca ao mesmo tempo em que alarga.

Fonte: Caldeira (1998, p. 16)

CLAUDIA REGINA VIEIRA

Figura 8 – Orientação familiar proposta no Livro 5 da Coleção Comunicar Aquisição de fala (3)

Fonema (o): vocálico, posterior, oral, aberto e sonoro.

(o) Os lábios estão abertos, arredondados como na forma de um ovo. A ponta da língua afasta-se dos dentes inferiores e sua parte de trás dobra-se. Há vibração das cordas vocais.

Exercícios:

1. Exercícios com a língua: vários. Utilizar a própria criatividade para formular novos exercícios em cada novo fonema abordado;

2. Colocar com o auxílio de guias de língua ou espátula (pauzinho de picolé) a língua na posição correta de emissão do (o), com o dorso elevado. Inspirar e expirar emitindo o (o) áfono e depois sonoro;

3. Bocejar e deixar cair o véu do palato para emissão do (ô).

Fonema (u): vocálico, posterior, fechado, oral e sonoro.

(u) Os lábios quase se fecham deixando um pequeno orifício redondo. A ponta da língua afasta-se dos dentes inferiores e sua parte de trás dobra-se (elevando-se), quase tocando o palato. Há vibrações das cordas vocais.

Exercícios:

1. O professor frente ao espelho mostrará ao aluno as corretas posições dos órgãos fonoarticulatórios na emissão do (u) com lábios bem fechados. O aluno deverá imitá-lo;

2. Utilizar guias de língua ou espátulas para manter sua ponta afastada dos incisivos inferiores e o dorso arqueado quase tocando o palato;

3. Mostrar que o som se transforma quase em um sopro bem direcionado.

Fonte: Caldeira (1998, p. 17)

O método Verbotonal, um programa de reabilitação, chega ao Brasil no momento do Oralismo e nos anos em que a Comunicação Total esteve vigente, ou seja, na década de 1990, muitos alunos frequentavam essa modalidade terapêutica, mais uma vez nos mostrando que as abordagens não se diferenciavam tanto na prática.

> O Método Verbotonal faz uso de técnicas específicas capazes de estimular os diversos aspectos relacionados ao processo de aquisição de linguagem. Essas técnicas são realizadas em pequenos grupos de crianças, três vezes por semana, podendo atingir uma carga horária de 30 horas/mês de estimulação. São elas: Audiovisual, Rítmica, Corporal e Rítmica Musical. No atendimento individual, a criança é estimulada a partir de suas necessidades específicas. O programa de Reabilitação inclui reuniões semanais com os pais, aula de Libras para os familiares e visitas semestrais com as escolas (Arpef, 2015, s/p).

Na escola, o trabalho era realizado com frases curtas e com estruturas fixas para que o aluno pudesse memorizar esse modelo de produção. Ele era estimulado a dizer oralmente as frases estruturadas dessa forma, e, com base nelas, os professores trabalhavam a escrita.

Na figura a seguir, temos um modelo muito comum de atividade. As imagens sugerem algumas estruturas frasais em Língua Portuguesa cujo modelo os alunos precisavam seguir. Eles iniciavam as propostas e depois iam substituindo alguns vocábulos.

A ideia da atividade é que os surdos substituíssem o sujeito da frase como: Minha prima pula.... Minha irmã pula, A menina pula, A Cida pula (essa imagem de menina poderia representar diferentes figuras do sexo feminino), mas para que isso realmente aconteça a orientação precisa ser muito claro, a fim de que o estudante a entenda. A Comunicação Total não usa Libras como língua, mas seus sinais como ferramenta.

Ainda se segue o princípio da repetição, assim como no Oralismo, e isso significa que dentro do ambiente escolar o princípio das atividades não mudou.

Também nesse período da década de 1990, ficou muito popularizado o uso "indiscriminado" de imagens para auxiliar o processo de aprendizagem do estudante surdo. Muitas imagens eram mostradas para que os estudantes fizessem a correspondência entre imagem — sinal —, palavra escrita e oral. Pressupunha-se que, ao ver uma imagem, o estudante automaticamente se reportaria à sua escrita amparado no som e/ou na memória do que lhe fora apresentado anteriormente.

Figura 9 – Página com atividade de estruturação de frases utilizando: — Que? Quem? / Faz?

Fonte: Caldeira (Livro 5, 1998)

Porém a imagem é um território bastante complexo e polissêmico, dificultando o intento proposto. O que nos mobiliza a apresentar determinada imagem ao estudante poderá a partir de suas experiências não representar ou corresponder ao conceito que quereríamos utilizar.

Os deficientes auditivos não participavam tão ativamente das atividades sociais e familiares. A falta de repertório linguístico comprometia o ingresso a questões acadêmicas, construções psíquicas e experiências, o que segundo Vygotsky está diretamente relacionado à apropriação do mundo, formação social da mente e da cognição.

Figura 10 – Página do livro com vocabulário – esperar/espero/espinho/espinhos

Fonte: Caldeira (Livro 3, 1998)

A partir da análise da figura acima, pode-se constatar quão ambígua pode ser uma imagem, e pressupõe a necessidade de um interlocutor com repertório para conseguir conceitualizar e permitir ao estudante compreender a que se refere a imagem dada.

Na figura relacionada ao verbo esperar, aparece um rapaz olhando o relógio e batendo o pé. Essa imagem poderia ser interpretada de diversas formas, dependendo de quem a observa, de sua experiência linguística e sua experiência de vida. Essa mesma imagem pode ser interpretada como: impaciência, estar chateado, bater o pé e olhar o relógio, entre outras.

A imagem que traz a palavra esperto apresenta um menino pulando o muro, o que pode ser interpretado de diferentes formas, como treinamento, exercício, pular muro, fugir... A preocupação aqui presente, mais do que associar imagem e palavra, refere-se à construção do conceito que, segundo a base teórica deste livro, é central para o desenvolvimento das funções mentais superiores. A imagem traz embutido um juízo de valor, para caracterizar o que se considera esperteza.

O que causa estranhamento maior são as imagens para espinho e espinhos. Primeiro, elas não são tão claras nem iguais, e a diferença entre elas deveria residir na quantidade (plural e singular); no entanto, a imagem para "espinho" traz uma folha, e duas hastes que parecem representar a parte que fura, e, dessa forma, já implica plural e anula a diferença que a imagem ao lado pretenderia estabelecer. O desenho do plural parece conter uma espécie diferente de espinho sem uma relação direta com a imagem do singular, mas que poderia ser interpretada de outras maneiras.

São comuns nesse contexto instruções para, por assim dizer, etiquetar o mundo para os surdos, escrevendo-se em todos os lugares os nomes das coisas, e, em alguns casos, utilizam-se alguns sinais da Libras como forma de recursos mnemônicos.

A educação dos surdos tinha deixado de ser oralista, na perspectiva teórica, mas as atividades escolares ainda refletiam de forma efetiva o que era proposto no modelo anterior, e os professores ainda consideravam que o surdo precisava de reabilitação.

Moura (2000) apresenta a história de vida de um surdo brasileiro que fala da família, amigos, escola, e em determinado trecho de seu depoimento diz:

> [...] escrevia letras, abecedário. Aprendia mais ou menos a escrever [...] A professora ensinava sempre frases curtas, não ensinava frases compridas [...] por exemplo: A bola é bonita. Nunca ensinava frases grandes. Eu aprendi frases curtas, sempre igual, não avançava. Nunca ouvi nada diferente, nunca aprendi (Moura, 2000, p. 113, grifo nosso).

A percepção do estudante ao utilizar o "nunca aprendi" corporeifica toda a dor e angústia de anos dentro da escola sem conseguir vislumbrar sua real aprendizagem.

Embora o exemplo seja da época do Oralismo, ou seja, o momento de aprendizagem relatado por Moura (2000) é de uma prática oralista, essa prática não se modifica no espaço da sala de aula na Comunicação Total.

Figura 11 – Página do livro com exemplo de atividade de estruturação de frases (Que? Quem? / O quê? Quando? Como? Onde?)

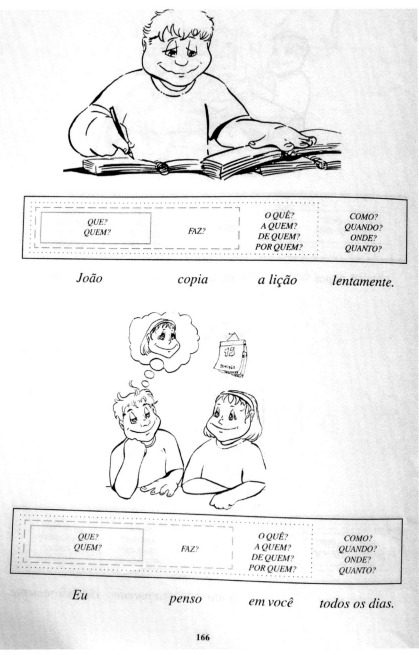

Fonte: Caldeira (Livro 1, 1998)

Figura 12 – Página do livro com atividade de substituir figura por palavra

Fonte: Caldeira (Livro 5, 1998)

Alguns professores confeccionavam, com base nesses manuais, os materiais para trabalhar em sala de aula, com cores e formas diferentes para representar as classes gramaticais da Língua Portuguesa. Na classe, eles utilizavam um recurso para que os alunos pudessem "enxergar" como as frases eram formadas em Língua Portuguesa.

> Sugerimos aos professores que, a partir do ciclo básico de alfabetização, realizem algum tipo de marcação desses termos da oração para que a criança perceba seus valores sintáticos. Assim, apenas como exemplo, poderíamos sempre marcar o sujeito com giz amarelo, o verbo com giz branco, o predicativo com azul, o objeto direto com verde, o objeto indireto com rosa o adjunto adverbial com roxo.... Poderíamos também, em etapa posterior, conjugar essas orações no presente, pretérito perfeito e no futuro de presente. Alguns professores têm utilizado estes exemplos substituindo os termos da oração para enriquecimento do material. Assim, por exemplo, a oração "minha prima pula", proposta no primeiro exemplo, poderia ter o sujeito substituído por outro vocabulário como "o aluno" ou "a professora", ou substituindo o verbo por "desce" ou "anda" (Caldeira, 1998, Livro 5, p. 114).

Podemos dizer com isso que a Comunicação Total ainda priorizava a Língua Portuguesa e colocava alguns sinais num plano secundário a fim de facilitar o entendimento, que não dava conta da estruturação do pensamento das pessoas com deficiência auditiva, uma vez que elas precisavam se aproximar o quanto possível da comunidade majoritária para ter garantido seu direito à educação.

No entanto para essa abordagem o surdo ainda é o deficiente auditivo, e a Libras não é considerada língua, mas, em alguns casos, ferramenta. A seguir, a transcrição de dois diálogos retirados do manual Comunicar – Livro 5:

DIÁLOGO

– Você é Surdo ou Ouvinte?

– Eu sou portador de Surdez Moderada!

– Minha professora usa português sinalizado na aula!

– Você usa prótese auditiva?

– Eu uso prótese auditiva nas aulas de fala e treinamento auditivo!

> – Você pode ler lábios?
>
> – Sim! Eu faço leitura labial!
>
> – Minha irmã é surda e fala bem!
>
> – Ela compreende melhor quando usa sinais associados com a fala!
>
> – Eu ainda não aprendi todo o alfabeto manual!
>
> – É mais fácil entender quando as pessoas sinalizam mais devagar!
>
> – Se eu escrever, você pode ler e compreender melhor?
>
> – Sim!
>
> – Os surdos podem ter telefone adaptado, filmes com legendas e intérpretes de Libras quando precisarem!
>
> – Eu estudo em escola especial para surdos!
>
> – De quais matérias você não gosta?
>
> – Matemática e Ciências!
>
> – Você pode me emprestar a borracha?
>
> – Na minha escola trabalham duas fonoaudiólogas!
>
> – No recreio jogamos bola!
>
> – Na minha escola brincamos de pegador!
>
> – Eu frequento escola regular e tenho aulas de reforço!
>
> – Na classe integrada trabalha um intérprete!
>
> – Minha irmã vai ao fonoaudiólogo para aprender a falar!
>
> – Na minha escola há um telefone para surdos!
>
> – Na sala de recursos eu aprendo leitura labial e fala!

É importante destacar alguns conceitos presentes nesses diálogos, pois, embora estejam situados na Comunicação Total, ainda apresentam normativas do Oralismo.

A pergunta inicial é: Você é surdo ou ouvinte? O surdo não responde que é surdo, mas sim que é portador de surdez moderada, ou seja, ainda não tem a marcação de surdez como identidade, baseia-se nos limiares de perda auditiva e se identifica com base no modelo clínico, indicando, inclusive, o grau da perda que possui, fato esse que na realidade a maioria dos surdos desconhece.

Afirma que a professora utiliza português sinalizado, prática que indica o status hegemônico da Língua Portuguesa sobre a Língua de Sinais, pois se baseia na utilização de um sinal para cada palavra da

Língua Portuguesa, chegando ao ponto de serem "criados" sinais descontextualizados para dar conta dessa sobreposição, como: "para", "de", "ficar". E que pessoas portadoras de surdez entendem melhor quando são usados sinais associados à fala, o bimodalismo, línguas de modalidades diferentes sobrepostas.

Existe ainda uma insinuação positiva do uso da prótese auditiva e dos treinos de fala e leitura labial, que sugerem uma aproximação aos ouvintes, indicando um processo de normalização e naturalização no espaço escolar.

Apresenta um conceito equivocado do alfabeto manual, como se ao aprendê-lo tudo se resolvesse. Também a sinalização deve ser realizada em ritmo lento, e a Libras deve ser usada somente quando "precisarem", ou seja, como último recurso, para deficientes auditivos que não obtiveram sucesso.

A equipe escolar conta com profissionais da área clínica, duas fonoaudiólogas, e pessoas com surdez precisam frequentar aulas de reforço, porque não conseguem dar conta dos estudos no período regular das aulas.

> Pode-se mudar os nomes das abordagens, chamando-as de filosofias, pode-se mudar aparentemente a forma de trabalho, mas se os pressupostos internos de quem é o Surdo e do que se faz por ele e por que não forem revistos, todos os profissionais estarão a serviço do desserviço, isto é, manter a situação da mesma forma que anteriormente. A grande pergunta que se deve fazer é: a serviço de quem e para que? Aparentemente, apesar das mudanças sentidas e vistas até agora, o objetivo de um trabalho baseado em Sinais, como o que vimos até este momento, pode continuar sendo o mesmo do oralismo (Moura, 1999, p. 60).

A Comunicação Total também não conseguiu fazer com que os deficientes auditivos alcançassem sucesso escolar e autonomia social, uma vez que seus pressupostos são os mesmos do Oralismo, com a aceitação de sinais como forma de comunicação.

Bilinguismo

- A experiência da Suécia

> *A abordagem educacional com Bilinguismo para surdos é*
> *aquela que acima de tudo estabelece que o trabalho escolar*
> *deve ser feito em duas línguas*
>
> *(Sá, 1999, p. 135)*

Quando falamos em proposta bilíngue para surdos, a Suécia aparece como modelo. Pesquisas divulgadas principalmente por Svartholm (1998, 2007, 2014) mostram que o país conseguiu equiparar o ensino dos surdos ao dos ouvintes. Os surdos que terminam seus estudos na Suécia alcançam patamares muito próximos ao dos ouvintes.

A Língua de Sinais Sueca, assim como a brasileira, foi instituída por força da lei; porém, no país escandinavo ela aconteceu em 1981, vinte e um anos antes do Brasil (2002).

> In 1981, the Swedish Parliament passed a Bill in which it was stated that deaf people need to be bilingual in order to function both among themselves and in society. This meant that Swedish Sign Language was officially recognised as a language in its own right -the language often referred to as the 'genuine' Sign Language or ' the Sign Language of the Deaf ' as opposed to constructed ways of signing and speaking simultaneously, such as 'Signed Swedish/English/ French' etc. (I will refer to Swedish Sign Language merely as 'Sign Language' in the following in order to avoid misunderstandings). As consequence of this decision, deaf children were to be guaranteed adequate linguistic training in school to accomplish this goal of bilinguism (Svartholm, 1998, p. 2).

A lei de 1981 estabeleceu que surdos suecos deveriam ser bilíngues, e isso motivou a organização de classes bilíngues nas escolas para surdos. Uma primeira turma foi formada um ano após a promulgação da lei. De acordo com Svartholm, as aulas eram ministradas por um professor surdo e um professor ouvinte, com auxílio de linguistas da Universidade de Estocolmo.

Houve muito incentivo e trabalho para que a educação bilíngue na Suécia de fato ocorresse. Foram realizadas intervenções com as famílias, capacitação dos professores ouvintes e surdos e um trabalho específico com as crianças surdas.

A Língua de Sinais Sueca (SSL) é disponibilizada às crianças surdas precocemente. Na fase escolar, elas frequentam escolas especiais com língua de instrução Língua de Sinais, sem deixar de ter acesso aos conteúdos curriculares adequados ao ano escolar que frequentam se comparados aos ouvintes. A SSL é a língua de instrução que permite que esse processo se concretize.

> La introducción del bilingüismo para los sordos ha sido un éxito durante todos esos años. Cada vez más alumnos sordos dejan la escuela, luego de los diez años de enseñanza obligatoria, con un nivel de lectura comparable al de sus colegas oyentes. Las escuelas siguen el currículo general para las demás materias como matemática, ciencias, etc, y ofrecen el inglés como tercera lengua. La lengua de señas es reconocida y enseñada como la primera lengua para el sordo y el sueco como la segunda. La Lengua de Señas Sueca es usada como la lengua para la instrucción del sordo junto al sueco escrito y, de cierta forma, también el sueco hablado (Svartholm, 2007, p. 2).

De acordo com Svartholm (2007), o ensino da Língua de Sinais sueca para as crianças começa por intermédio da literatura infantil, com um material acessível escrito e em vídeo. O contato com o sueco escrito aparece de forma completa, sem adaptações e dentro do contexto. "[...] as histórias refletem os surdos suecos e a cultura dominante ouvintes. O texto não é repetitivo, simples, com um sueco básico. Ao contrário, possui sentenças completas, com diversas construções gramaticais" (Jokinen, 1999, p. 122).

O pressuposto básico do Bilinguismo no país é o de iniciar o processo com as crianças, tratando-as como qualquer outra criança, e não como anormais. Oferece-se uma língua não apenas para comunicação, mas para formação e constituição.

A manutenção de escolas especiais que agrupam um número de pessoas para que haja trocas e possibilidade de desenvolvimento, onde a Língua de Sinais é a língua compartilhada por todos e os conteúdos escolares se assemelham aos das demais escolas, garante o aprendizado dos conceitos formais e o desenvolvimento das funções psicológicas superiores.

> Los niños sordos necesitan ser "segregados" durante la infancia en las escuelas especiales. En ellas, los niños desarrollarán el lenguaje a sus propios ritmos, junto a otros niños

> sordos. El lenguaje se hace del todo accesible para ellos. Entonces, una vez afuera de esta "segregación" esos niños crecerán y se volverán seguros de sí y llenos de auto-estima, y como adultos, estarán enteramente integrados en la sociedad (Svartholm, 2007, p. 3).

Na citação acima, a autora afirma a necessidade de espaços específicos para crianças surdas no início do processo de ensino-aprendizagem, essa dita "segregação" como necessária. É preciso, no entanto, deixar claro que segregação aqui não deve ser entendida como privação, mas o contrário.

As estratégias de trabalho se baseiam na comparação entre as línguas, realizando um exercício de compreensão tanto da língua escrita quanto da língua sinalizada.

Não há preconceito contra pessoas surdas; entende-se que usam uma língua diferente da maioria da sociedade, mas que são capazes de se desenvolver se forem estimuladas adequadamente.

Contudo, num evento recente, I CesLibras e V Sape, em maio de 2015, um professor do Gallaudet Institute nos Estados Unidos disse que essa situação está modificada. E que mudanças foram realizadas nesse sistema; no entanto, no último trabalho de Svartholm (2014) ela explica que alguma mudança vem ocorrendo por conta da quantidade de surdos implantados atualmente.

Ela nos diz que 35 anos de educação bilíngue no país revelaram a necessidade do investimento da Língua de Sinais como L1 e língua de instrução para os surdos suecos, e que mesmo implantados é essa a língua que precisam desenvolver em primeiro lugar.

> Prover a criança com oportunidades de interagir naturalmente com outras e de participar em comunicação significativa e fluente — com outros indivíduos e em grupos — deve ser central para qualquer programa ou filosofia educacional que se refira a crianças surdas, crianças com implante coclear ou outros dispositivos auditivos. Todas estas crianças necessitam de uma variedade de modelos linguísticos à sua volta para garantir o acesso à língua visualmente acessível em uso. Mas, em particular, elas precisam de acesso a crianças usando tal língua. A base para a aprendizagem destas crianças e para o seu posterior desenvolvimento – social, cognitivo, emocional – deve ser encontrada nas suas interações entre si. É através deste

processo que elas podem crescer e se tornar adultos independentes e bem-sucedidos (Svartholm, 2014, p. 48).

- A experiência do Uruguai

A educação dos surdos no Uruguai tem uma trajetória parecida com a nossa, embora eles contem com uma abordagem a mais, um modelo para entender língua e identidade surda que reflete diretamente no processo de ensino e aprendizagem dessas pessoas.

De acordo com Peluso (2014, grifos nossos), "Estos modelos podrían ser agrupados bajo estas cuatro categorías: el oralismo, el bimodalismo, el neo-oralismo (integración e implante coclear), y la educación bilingüe y bicultural". A diferença pontual é que, no Uruguai, é considerada uma abordagem denominada neo-oralismo, que possui características muito parecidas com o modelo proposto nas políticas inclusivas no Brasil.

Quanto ao Bilinguismo, no Uruguai não somente ele é assim denominado, como também a díade Bilinguismo-biculturalismo não se dissocia, e é considerada mais adequada para educação dos surdos uruguaios por considerar a Língua de Sinais Uruguaia (LSU) como primeira língua e o Espanhol como segunda língua.

> Por educación bilingüe podemos entender, a nivel general, un tipo de programa educativo en el que se usan dos lenguas para la instrucción. Ambas lenguas se utilizan en contextos diferenciales para que el alumno logre manejarlas de forma separada. Asimismo, la enseñanza de dos lenguas supone la inserción en dos marcos culturales diferentes, por lo que una educación bilingüe es siempre y necesariamente una educación bicultural (Peluso, 1999, p. 90).

Assim como aconteceu na Suécia e no Brasil, a Língua de Sinais uruguaia foi instituída por lei no ano de 2001 (em anexo), apenas um ano antes que no Brasil.

> [...] la educación bilingüe y bicultural de los sordos tiene en cuenta su derecho (que es uno de los derechos de todo ser humano) a adquirir tanto la lengua de su comunidad (la lengua de señas), como la lengua del Estado (la lengua hablada por la mayoría oyente). A esto se agrega que también tiene en cuenta el derecho de los sordos a ser educados en un tipo de lengua que se adapte a sus particularidades

> psicofísicas. Estos derechos están garantizados por Ley en Uruguay: la Ley No.17.378 establece que la LSU es la lengua de las comunidades sordas del país (Uruguay. Ley No. 17.378[11], 2001) y la Ley General de Educación (Ley 18.437) establece que la LSU es una de las lenguas maternas del Uruguay y que esto debe ser así considerado en los programas educativos elaborados para sordos (Uruguay. Ley No. 18.437, 2008) (Peluso, 2014, p. 216-217).

De acordo com o excerto acima, a lei que estabelece a Língua de Sinais uruguaia para os surdos data de 2001, e em 2008 uma nova lei é promulgada e estabelece que LSU deve ser considerada nos programas educativos para surdos como língua materna. No Uruguai, os surdos contam com duas leis que garantem uma educação em LSU. No artigo 40, item 5, a LSU fulgura como uma das línguas maternas.

> La educación lingüística tendrá como propósito el desarrollo de las competencias comunicativas de las personas, el dominio de la lengua escrita, el respeto de las variedades lingüísticas, la reflexión sobre la lengua, la consideración de las diferentes lenguas maternas existentes en el país (español del Uruguay, portugués del Uruguay, lengua de señas uruguaya) y la formación plurilingüe a través de la enseñanza de segundas lenguas y lenguas extranjeras (Uruguay, 2008, grifo nosso).

Nesse trecho de artigo de 2014, em que Peluso descreve como anda a educação de surdos no Uruguai, são reconhecidas quatro escolas com projeto de educação bilíngue, mas nem todos os surdos estão matriculados nelas; muitos ainda frequentam classes especiais em escolares regulares. No Brasil encontramos situações semelhantes, embora a lei que regulamenta a Língua de Sinais em nosso país seja de 2002, e, ao invés de outra lei, temos um decreto que garante que a Libras faça parte do contexto escolar dos surdos brasileiros.

> La diferencia entre las escuelas bilingües y las clases de sordos dentro de escuelas comunes es la presencia o no de comunidad sorda local. Las escuelas bilingües tienen una fuerte relación con una comunidad sorda local, cosa que no ocurre en el caso de la mayoría de las clases para sordos en escuelas comunes (Peluso, 2014, p. 220).

---

[11] LEY Nº 17.378 de 12 de junio de 2013. Reconócese todos los efectos a lengua de señas uruguaya como la lengua natural de las personas sordas e hipoacúsicas y de sus comunidades en todo el territorio de la republica. Disponível em: http://ley17378.blogspot.com.br/.

Com a expansão dos implantes cocleares, muitos surdos deixaram o projeto bilíngue, já que a comunidade médica entende que a LSU pode prejudicar o desenvolvimento da recuperação auditiva; por isso, existe no Uruguai a abordagem neo-oralista, que acolhe esses estudantes e trabalha sob uma perspectiva de reabilitação.

Essa condição do Uruguai é resultado de anos de luta e discussões para que um projeto bilíngue pudesse ser levado adiante. Em 1999, estava na sua versão piloto e foi publicado em um livro sobre a questão bilíngue para surdos que narrava experiências bilíngues no Brasil e em outros países.

> La confección de este plan piloto supuso muchas discusiones y capitulaciones. En uno inicio la directora argumentaba que no era necesario el módulo de lengua y cultura sordas, ya que los sordos iban a estar en contacto con la LSU en las clases en que, según la directora, la maestra oyente hablara en LSU y en los recreos y en los talleres con sus pares. Resulta pertinente aclarar que en aquel entonces no había ninguna maestra que dominara mínimamente la LSU, y dicho plan comenzaría en seis meses. Esto mostraba un desconocimiento importante hacia la lengua de señas ya que es obvio que esta maestra/directora no propondría lo mismo (que fuera viable que un maestro en dicha lengua) si estuviera trabajando en planes bilingües que incluyeran dos lenguas orales (Peluso, 1999, p. 98).

Podemos perceber, com base na citação acima, que, na ocasião, a Língua de Sinais uruguaia não era entendida em sua completude, nem como língua. A fala da diretora deixa patente como o pensamento reducionista sobre a língua pode acarretar prejuízos para educação dos surdos. O que ela diz é que as pessoas envolvidas no projeto não precisam aprender LSU nem cultura surda, porque os surdos estarão em contato com pessoas que "conhecem" a língua na sala de aula e, nos outros momentos, com os pares surdos, descartando a possibilidade de interação entre surdos e ouvintes.

Mesmo com o passar dos anos e com a experiência bilíngue bicultural já em prática, Peluso alerta que nas quatro escolas onde os surdos estão entre os pares o processo educativo se realiza e a díade bilíngue/bicultural são contempladas, mas nas classes especiais nas escolas comuns fica difícil garantir os dois conceitos, já que o contato com a LSU fica restrito à escola.

> Lamentablemente se les podrá proveer, en el mejor de los casos, de una educación bilingüe, pero es muy difícil que

esta educación bilingüe pueda ser realmente bicultural. Es muy difícil porque no existe un afuera sordo con el que la escuela pueda dialogar. Inclusive los propios estudiantes sordos no tienen con quién hablar la LSU fuera de la escuela. La propuesta bilingüe se torna así un contexto artificial, una isla lingüística en un mar oralista, lo que termina llevando a la LSU al estatus de un mero artefacto didáctico (Peluso, 2014, p. 225).

- Pensando no Brasil

A breve contextualização das experiências suecas e uruguaias nos dão subsídio para refletir um pouco sobre a nossa realidade e sobre como realizamos essa discussão. No Brasil, assim como acontece no Uruguai, há experiências diferentes de Bilinguismo para surdos. Tentaremos, em princípio, resgatar os pressupostos dessa abordagem, para pensar como podem ser interpretados; depois, vamos apresentar a experiência de uma escola da região da Grande São Paulo, escola essa escolhida como local de observação para a pesquisa de campo deste trabalho.

O Bilinguismo na perspectiva da Educação de Surdos lida com duas línguas de modalidades diferentes: uma espaço-visual, a Libras, e outra oral-auditiva, a Língua Portuguesa.

A questão mais complicada na relação entre as duas línguas e que torna esse tipo de Bilinguismo mais peculiar é que a grande maioria dos surdos não tem acesso à Língua Brasileira de Sinais – Libras desde a infância. Um número muito grande de surdos entra em contato com a Língua de Sinais somente no momento em que iniciam sua trajetória escolar.

Isso se agrava porque geralmente a qualidade da Libras que recebem vem dos professores, que aprenderam o vocabulário da língua e desconhecem sua estrutura gramatical, que é visual. Eles tentam fazer uma comparação com a língua falada, transformando-a em português sinalizado, mas acreditando ser Libras.

É muito comum ouvirmos a afirmação "Língua de Sinais é próprio do surdo, e Língua Portuguesa, do ouvinte"; no entanto, não podemos dizer que há propriedade sobre línguas. Tanto o ouvinte quanto o surdo podem fazer uso de ambas as línguas.

Equívocos relacionados ao significado de Bilinguismo perpassam pelo ambiente de aprendizagem, e, por conta de algumas interpretações, entende-se que a sobreposição das línguas seja prática dessa abordagem.

Assim como percebemos que na prática Oralismo e Comunicação Total apresentavam as mesmas premissas, quando falamos de Bilinguismo muitas vezes o que muda na prática é a inserção da Língua de Sinais nas atividades escolares. É necessário ainda entender qual concepção de língua se utiliza para pensar as atividades e os modelos bilíngues.

Pesquisando algumas atividades disponíveis em blogs da internet e em alguns livros e revistas acessíveis aos professores, encontramos alguns erros muito comuns e confusões acerca da Língua de Sinais. Observe as atividades a seguir.

Figura 13 – Imagem com atividade de número em Libras

Fonte: Vaniele, A. Oficina de Libras[12]

---

[12] Disponível em: http://oficinadelibras.blogspot.com.br/. Acesso em: 23 jun. 2015.

Figura 14 – Imagem de atividade informativa sobre Carlos Gomes – datilologia

Fonte: SERPA, L. Libras educando surdos. Blogspot online[13]

Figura 15 – Imagem com caça-palavras em alfabeto datilológico sobre escravidão

CAÇA PALAVRAS

1. Qual o nome do local de refúgio dos escravos?
2. Onde foi assinada a Lei Áurea?
3. A Lei Áurea é conhecida pela:
4. Qual o nome da lei que libertou todas as crianças?
5. Qual o nome da Princesa que assinou a lei Áurea?
6. Em que dia foi assinada a Lei Áurea?

resp: (hor.) paço imperial; ventre livre; quilombo; abolição
(vert.) Isabel; treze

Fonte: SERPA, L. Libras educando surdos. Blogspot online[14]

---

[13] Disponível em: http://librasseducandosurdos.blogspot.com.br. Acesso em: 23 set. 2016.
[14] Disponível em: http://librasseducandosurdos.blogspot.com.br. Acesso em: 23 set. 2016.

> No que diz respeito ao aprendiz-surdo, a situação em que se encontra possui características especiais: o português é para eles uma segunda língua, pois a língua de sinais é a sua primeira língua, só que o processo não é o de aquisição natural por meio da construção de diálogos espontâneos, mas o de aprendizagem formal na escola. O modo de ensino/aprendizagem da língua portuguesa será, então, o português por escrito, ou seja, a compreensão e a produção escritas, considerando-se os efeitos das modalidades e o acesso a elas pelos surdos (Salles *et al.*, 2004, p. 115).

O que pretendemos trazer para discussão é que, ao considerarmos as atividades acima, elas não possibilitam a compreensão da diferença de modalidade entre as línguas. Além disso, reduzimos a Libras ao alfabeto datilológico, o que expressa a falta de clareza a respeito da modalidade espaço-visual e do conceito de língua. Aqui novamente ela aparece como código, e o propósito da abordagem é que ela seja entendida em sua complexidade.

Os resultados da dissertação de mestrado publicados em Vieira (2014) mostraram que os professores de surdos das salas de recurso ainda utilizam esse tipo de atividade, pensando que podem auxiliar e proporcionar aprendizado aos estudantes ao se sobrepor de maneira gráfica as duas línguas, ou seja, utilizando alguns sinais em textos estruturados em Língua Portuguesa. Observe-se o exemplo na figura a seguir.

Mesmo num contexto em que o Bilinguismo está formalmente instituído, as atividades disponíveis parecem bem mais próximas do Oralismo/Comunicação Total, priorizando a L2 e subvertendo a L1, transformando a Libras e toda sua complexidade em sinais passíveis de serem impressos graficamente, por meio do alfabeto datilológico ou do desenho de sinais correspondentes às palavras.

De acordo com Brito (1995), "A estrutura da Língua Brasileira de Sinais é constituída de parâmetros primários e secundários que se combinam de forma sequencial ou simultânea". Isso significa dizer que ela é mais que sinais representados graficamente. A Libras não pode ser reduzida a representações gráficas. Ela é espaço-visual e sua representação vai além dessas apresentadas nas atividades selecionadas.

Figura 16 – Atividade elaborada por professora com texto em português com sinais sobrepostos

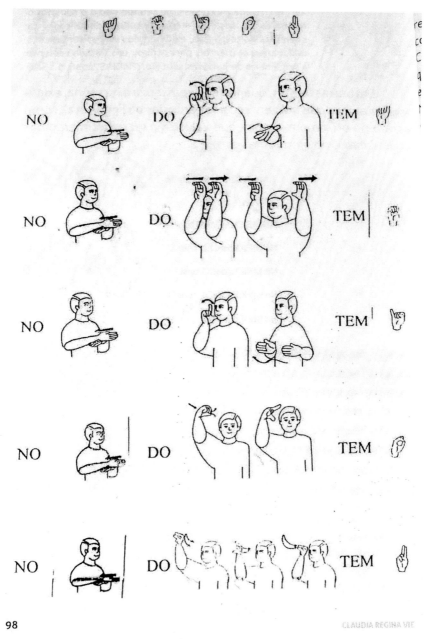

Fonte: Vieira (2014)

Assim como não se deve utilizar sinais da Libras na estrutura da Língua Portuguesa, não se deve também utilizar as palavras da Língua Portuguesa na estrutura da Libras. Cada uma das línguas deve manter sua integridade e ser utilizada nos contextos adequados.

Figura 17 – Carta informativa sobre a solicitação de intérprete de uma instituição privada de ensino do interior de São Paulo

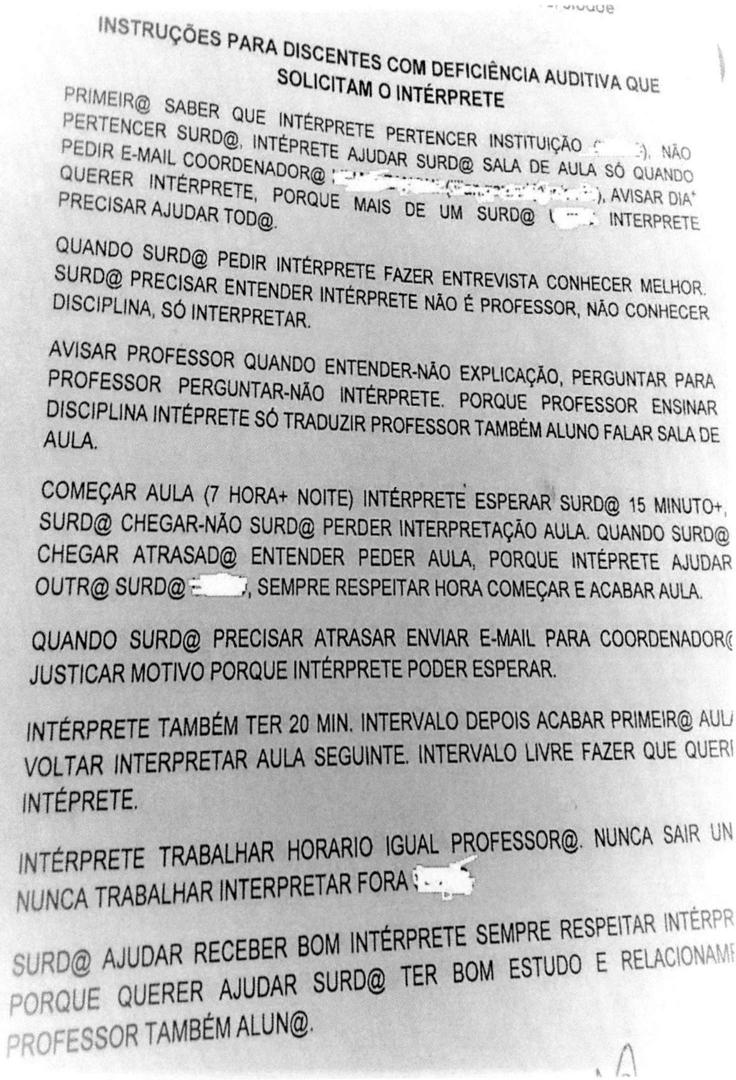

INSTRUÇÕES PARA DISCENTES COM DEFICIÊNCIA AUDITIVA QUE SOLICITAM O INTÉRPRETE

PRIMEIR@ SABER QUE INTÉRPRETE PERTENCER INSTITUIÇÃO ( ), NÃO PERTENCER SURD@, INTÉPRETE AJUDAR SURD@ SALA DE AULA SÓ QUANDO PEDIR E-MAIL COORDENADOR@ , AVISAR DIA+ QUERER INTÉRPRETE, PORQUE MAIS DE UM SURD@ (INTERPRETE PRECISAR AJUDAR TOD@.

QUANDO SURD@ PEDIR INTÉRPRETE FAZER ENTREVISTA CONHECER MELHOR. SURD@ PRECISAR ENTENDER INTÉRPRETE NÃO É PROFESSOR, NÃO CONHECER DISCIPLINA, SÓ INTERPRETAR.

AVISAR PROFESSOR QUANDO ENTENDER-NÃO EXPLICAÇÃO, PERGUNTAR PARA PROFESSOR PERGUNTAR-NÃO INTÉRPRETE. PORQUE PROFESSOR ENSINAR DISCIPLINA INTÉPRETE SÓ TRADUZIR PROFESSOR TAMBÉM ALUNO FALAR SALA DE AULA.

COMEÇAR AULA (7 HORA+ NOITE) INTÉRPRETE ESPERAR SURD@ 15 MINUTO+, SURD@ CHEGAR-NÃO SURD@ PERDER INTERPRETAÇÃO AULA. QUANDO SURD@ CHEGAR ATRASAD@ ENTENDER PEDER AULA, PORQUE INTÉPRETE AJUDAR OUTR@ SURD@ , SEMPRE RESPEITAR HORA COMEÇAR E ACABAR AULA.

QUANDO SURD@ PRECISAR ATRASAR ENVIAR E-MAIL PARA COORDENADOR(JUSTICAR MOTIVO PORQUE INTÉRPRETE PODER ESPERAR.

INTÉRPRETE TAMBÉM TER 20 MIN. INTERVALO DEPOIS ACABAR PRIMEIR@ AUL VOLTAR INTERPRETAR AULA SEGUINTE. INTERVALO LIVRE FAZER QUE QUERI INTÉPRETE.

INTÉRPRETE TRABALHAR HORARIO IGUAL PROFESSOR@. NUNCA SAIR UN NUNCA TRABALHAR INTERPRETAR FORA

SURD@ AJUDAR RECEBER BOM INTÉRPRETE SEMPRE RESPEITAR INTÉRPR PORQUE QUERER AJUDAR SURD@ TER BOM ESTUDO E RELACIONAMI PROFESSOR TAMBÉM ALUN@.

Fonte: arquivo particular da autora

O texto acima nos mostra a escrita como uma transcrição da Língua de Sinais; é um documento disponibilizado por uma faculdade privada para os alunos surdos que nela se matriculam. Para a instituição, dessa forma os surdos entenderão melhor a mensagem, mais uma vez a ideia de língua como código. Acredito que a Libras precisa aparecer como registro visual (vídeo) e a Língua Portuguesa, na modalidade escrita, então sempre que se tratar de um material escrito, ele deve aparecer em Língua Portuguesa.

Trabalhar com a abordagem bilíngue para surdos pressupõe o conhecimento aprofundado das duas línguas envolvidas no processo; porém, é importante não reduzir todo o processo apenas às questões gramaticais e estruturais dessas línguas. Devemos dar a elas a importância que cada uma desempenha na construção de conceitos e formação social da mente.

> O ponto de vista que defendemos, embora careça de uma sustentação teórica, constitui, na prática, a base de todos os métodos eficazes de ensino de línguas vivas estrangeiras. O essencial desses métodos é familiarizar o aprendiz com cada forma da língua inserida num contexto e numa situação concreta. Assim, uma palavra nova só é introduzida mediante uma série de contextos em que ela se configure. O que faz com que o fator de reconhecimento da palavra normativa seja, logo de início, associado e dialeticamente integrado aos fatores de mutabilidade contextual, de diferença e de novidade. A palavra isolada de seu contexto, inscrita num caderno e apreendida por associação com seu equivalente russo, torna-se, por assim dizer, sinal, torna-se uma coisa única e, no processo de compreensão, o fator de reconhecimento adquire um peso muito forte. Em suma, um método eficaz e correto de ensino prático exige que a forma seja assimilada não no sistema abstrato da língua, isto é, como forma sempre idêntica a si mesma, mas na estrutura concreta da enunciação, como um signo flexível e variável (Bakhtin, 2009, p. 98, grifo nosso).

Por isso, não basta apresentar atividades em que a Libras aparece fora do seu contexto dialógico e despregada do discurso, nem a Língua Portuguesa travestida de Língua de Sinais. É preciso trabalhar cada uma das línguas em sua totalidade e complexidade, respeitando os aspectos específicos de cada uma. As atividades e o texto da universidade misturam as duas como se fossem uma e não conseguem trabalhar L1 nem L2 de forma a possibilitar a apropriação pelo aluno.

No Brasil, para garantir a participação mais ativa do surdo nesse processo de construção de experiências bilíngues e como indicação do Decreto n.º 5626/05, o Ministério da Educação disponibilizou verba para a realização de um curso gratuito de graduação, com prioridade para pessoas surdas: o Letras/Libras.

Esse curso funcionou na modalidade semipresencial e contou com duas turmas nesse formato, em 2006 e 2008. Muitos surdos puderam ter acesso à graduação; os materiais eram todos em Língua de Sinais, bem como a apresentação dos trabalhos. Foi um momento de troca importante entre os surdos dos diversos polos, que participavam muitas vezes interagindo com outros polos via videoconferência. A ideia era munir de conhecimento específico da língua futuros professores de Libras.

> A primeira turma era direcionada para formação de professores de língua de sinais, e contou com 9 polos: Amazonas (UFAM), Ceará (UFC), Bahia (UFBA), Brasília (UNB), Goiás (CEFET-GO), Rio de Janeiro (INES), São Paulo (USP), Rio Grande do Sul (UFSM) e Santa Catarina (UFSC). Dos 500 alunos que iniciaram o curso, 389 concluíram a Licenciatura em Letras Libras, segundo dados da UFSC.
>
> Em 2008, foram criadas duas habilitações - licenciatura e bacharelado. Dessa vez, o curso contou com 15 polos: Pará (UEPA), Ceará (UFC), Rio Grande do Norte (IF-RN), Pernambuco (UFPE), Bahia (UFBA), Goiás (IFG), Brasília (UNB), Mato Grosso do Sul (UFGD), Espírito Santo (UFES), Rio de Janeiro (INES), Minas Gerais (CEFET), São Paulo (UNICAMP), Paraná (UFPR), Rio Grande do Sul (UFRGS) e Santa Catarina (UFSC). Em 2008, o número de alunos matriculados chegou a 900 (450 bacharelados e 450 licenciatura), e 690 concluíram o curso (378 bacharéis e 312 licenciados) (Pêgo; Lopes, 2014, p. 540-541)

Após a conclusão da turma de 2008, o curso passou a ser oferecido na modalidade presencial pela Universidade Federal de Santa Catarina (UFSC). Por meio do Letras/Libras, alguns surdos, que até então estavam à margem do sistema educacional, tanto como alunos quanto como profissionais, conseguiram conquistar espaços nas instituições de ensino da educação básica e do ensino superior, concluindo o curso superior, trabalhando com um público surdo mais jovem, divulgando e compartilhando a Libras, tentando garantir uma aquisição precoce da língua para crianças surdas.

Então, se voltarmos a pensar na legislação que ao mesmo tempo garante a educação bilíngue para os surdos, também se vive um ideal de educação inclusiva com todos no mesmo espaço escolar. De certa maneira, essa premissa se contrapõe ao que o decreto prevê, ou seja, classes bilíngues cuja língua de instrução seja a Libras.

Como pontua Lodi (2013, p. 55):

> Na significação dada à educação bilíngue para surdos pelo Decreto, observa-se que a Libras assume papel central, fato que demanda "mecanismo alternativos para a avaliação de conhecimentos expressos em Libras, desde que devidamente registrados em vídeo ou em outros meios eletrônicos e tecnológicos. [...] no documento da Política de educação Especial, tal educação é caracterizada como "o ensino escolar na língua portuguesa e na língua de sinais... além de haver o ensino da língua portuguesa como segunda língua na modalidade escrita para os alunos surdos. Assim, de forma contrária ao disposto no Decreto, a Política, ao orientar sobre a educação de alunos surdos, não deixa claro qual língua deverá ser utilizada pelo professor nas salas de aulas inclusivas (língua portuguesa ou Libras), desconsiderando o fato de ser impossível o uso de ambas concomitantemente.

O pressuposto criticado aqui por Lodi referente ao que é proposto na Política acaba sendo o que está expresso nas atividades disponibilizadas nos blogs e no conteúdo da carta entregue aos surdos na instituição privada. Chama-se Bilinguismo o uso concomitante e/ou a sobreposição das línguas.

Todas essas constatações colaboram com o mau entendimento da proposta e faz com que os surdos continuem no prejuízo dentro dos espaços escolares. Ainda que legalmente tenham seus direitos linguísticos garantidos, "no caso do aluno surdo a educação bilíngue vai enfrentar diferentes contextos dependendo das ações de cada município e de cada estado brasileiro" (Quadros, 2006, p. 19).

Para refletir sobre Bilinguismo para surdos neste trabalho, apresentaremos a experiência de uma escola e problematizaremos os entendimentos sobre a abordagem com base no trabalho desenvolvido na unidade escolar.

Em princípio faremos o levantamento do histórico para entender como ela chegou ao status de escola bilíngue; a seguir, destacaremos alguns episódios coletados na instituição para realizar a reflexão sobre a experiência com os alunos, a família, a comunidade e a língua.

O PAPEL DA LÍNGUA NA FORMAÇÃO DOS CONCEITOS – O LUGAR DA LIBRAS NA EDUCAÇÃO DOS SURDOS

O Mundo
(André Abujamra)

O mundo é pequeno pra caramba
Tem alemão, italiano, italiana
O mundo, filé à milanesa
tem coreano, japonês, japonesa

O mundo é uma salada russa
tem nego da Pérsia, tem nego da Prússia
O mundo é uma esfiha de carne
tem nego do Zâmbia, tem nego do Zaire

O mundo é azul lá de cima
O mundo é vermelho na China
O mundo tá muito gripado
Açúcar é doce, o sal é salgado

O mundo — caquinho de vidro —
tá cego do olho, tá surdo do ouvido
O mundo tá muito doente
O homem que mata, o homem que mente

Por que você me trata mal
se eu te trato bem?
Por que você me faz o mal
se eu só te faço bem?

(Repete tudo)

Todos somos filhos de Deus
Só não falamos as mesmas línguas

Este trabalho se ampara nas contribuições de Bakhtin e Vygotsky, que compartilham o pressuposto de homem como ser histórico que interage, constrói e reconstrói, significa e ressignifica com base em sua relação com o outro. Modifica a si e aos outros, incorpora conceitos e ajuda a transformá-los; nesse mesmo movimento, afirma-se enquanto sujeito singular, único mesmo sendo plural, utilizando a linguagem como força motriz nesse processo.

> Tanto Bakhtin como Vygotsky defendem que a especificidade das funções psíquicas humanas reside no caráter de intermediação; e os intermediários são os instrumentos produzidos e empregados dentro de formas sociais concretas, entre os quais há que se considerar também os instrumentos que se produzem para suprir as necessidades da comunicação social: os signos e, entre eles, sobretudo, a linguagem[15] verbal (Ponzio, 2015, p. 79).

Bakhtin (2009) afirma que a língua está sempre em evolução e que não é estanque, está sempre em transformação, ou seja, ela é viva e se modifica de acordo com os falantes, tempo e discursos. Já Vygotsky (2014) diz que o pensamento e a linguagem não estão relacionados por meio de um vínculo primário, mas que essa relação surge, muda e cresce no transcorrer do próprio desenvolvimento do pensamento e da linguagem, ou seja, é preciso ação para que o processo ocorra.

A língua é o motor que alimenta a mente e faz com que os seres culturais se relacionem e ampliem seus conhecimentos linguísticos e conceituais, para que, dessa forma, continuem aprendendo e transmitindo/recebendo informações, trabalhando-as e incorporando conhecimentos.

Muito mais que ferramenta, a língua alicerça as informações que compartilhamos com o outro, ou que deixamos que sejam exploradas pelo outro.

> A consciência subjetiva do locutor não se utiliza da língua como sistema de formas normativas. Tal sistema é uma mera abstração, produzida com dificuldade por procedimentos cognitivos bem determinados. O sistema linguístico é o produto de uma reflexão sobre a língua, reflexão que não procede da consciência do locutor nativo e que não serve aos propósitos imediatos da comunicação... Na realidade, o locutor serve-se da língua para suas necessidades enunciativas concretas... (Bakhtin, 2009, p. 95).

O outro do qual falamos faz parte do meio, das relações sociais que auxiliam a construção dos conceitos e na ampliação da linguagem e que vai mudando e se transformando no decorrer do processo, proporciona experiências para que essas sejam analisadas e que se reflita sobre elas e, assim, se transformem em aprendizagens. "La relación entre el pensa-

---

[15] O termo linguagem foi preservado da citação original e não modificado pela autora, por entender que há clareza aqui de que o sentido empregado é o de língua.

REFLEXÕES SOBRE O UNIVERSO PEDAGÓGICO NA EDUCAÇÃO BILÍNGUE PARA SURDOS

miento y el lenguaje cambia durante el proceso de desarrollo, tanto en cantidad como en calidad. En otras palabras, la evolución del lenguaje y el pensamiento no es paralela ni uniforme" (Vygotsky, 2014, p. 91).

Isso significa que, embora todos tenham condições e possibilidades de desenvolvimento, ele é um processo; não é guiado pela condição biológica apenas com tempos determinados e etapas de acordo com a faixa etária, mas com a quantidade e qualidade das experiências que o meio proporciona, com as interações culturais. O ser humano é cultural e a partir dessa relação constrói sua marca de humanidade. Podemos afirmar que o indivíduo é biológico-cultural.

> O que significa que a pessoa é uma unidade "biológico-cultural" complexa que funciona de diferentes maneiras (por exemplo, sonha, tem consciência de que sonhou, sabe o que sonhou, conta o que sonhou e se alegra ou se angustia com seu sonho). É por isso que, se sonhar, pensar, sofrer, ser conscientes etc. são funções comuns a todas as pessoas, o que se sonha, o que se pensa, como se sofre e qual o nível de consciência que se tem varia de pessoa para pessoa e na mesma pessoa em razão das circunstâncias.... Em outras palavras, não se trata de processos neurológicos autônomos que obedecem a um padrão comum a todos os organismos humanos, mas de atividades personalizadas. Não é o cérebro que sonha ou pensa, mas a pessoa. Claro que se o cérebro não funcionasse, a pessoa não poderia nem sonhar nem pensar. Mas não basta que o cérebro funcione para que possamos falar de sonho ou de pensamento. Para tanto é necessário que alguém sonhe ou pense. Sonhar e pensar são funções da pessoa, porque só ela pode sonhar ou pensar isto ou aquilo, desta ou daquela maneira, em função da posição que ela ocupa no campo das suas relações sociais (Pino, 2005, p. 103-104).

Como ser biológico-cultural complexo, necessita de estímulos vários para que seu processo de desenvolvimento se concretize, e aprende durante toda a vida, porque não esgota suas potencialidades. A cada contato com grupos e até mesmo consigo, vai eliminando ou validando conceitos.

Mas isso não acontece apenas quando as pessoas entram em contato; não se trata apenas de colocá-las em determinados espaços e esperar que habilidades sejam assimiladas. É preciso que essas experiências sejam significativas e que possam ser colocadas à prova por meio desse movimento relacional.

Língua e Funções Psicológicas Superiores

Na discussão sobre a educação de pessoas surdas, são sugeridas práticas educativas que pressupõem a reabilitação como meio para aprendizagem.

Essas duas abordagens, Oralismo e Comunicação Total, trabalham com uma concepção de sujeito que precisa ser normalizado para fazer parte do mundo, que é ouvinte e que fala português. A abordagem bilíngue parte do pressuposto de que a Língua de Sinais é a L1 dos surdos, e a Língua Portuguesa, a L2.

Sabemos que uma língua comum compartilhada proporciona interação e reflexão entre os falantes e, dessa maneira, ampliação de linguagem e aquisição de conceitos e conhecimentos que possibilitam uma constituição de sujeito e relação de pertencimento a determinado grupo social; por isso, podemos afirmar que pessoas surdas que compartilham experiências em Língua de Sinais executam os mesmos processos linguísticos que crianças ouvintes que compartilham experiências em Língua Portuguesa.

> Para a abordagem histórico-cultural na perspectiva de Vygotsky, a linguagem[16] tem um papel fundamental no desenvolvimento das funções superiores. O estudo das relações entre pensamento e linguagem é indispensável à compreensão de como se constituem os processos humanos e sua gênese social (Pinto, 2010, p. 36).

O que deve ser entendido é que Língua de Sinais é a língua de estruturação de pensamento e organização da pessoa surda. O que isso significa? Significa dizer que a Língua de Sinais é a responsável por organizar as estruturas cognitivas dessas pessoas para que assim possam se constituir e participar das atividades sociais e ter mais autonomia sobre suas escolhas.

> A aprendizagem dos conceitos científicos ou da segunda língua na escola baseiam-se num conjunto de significados da palavra, desenvolvidos previamente e originários das experiências cotidianas da criança. Este conhecimento espontaneamente adquirido medeia a aprendizagem do novo. Assim, os conceitos cotidianos estão "entre o sistema conceitual e o mundo dos objetos"...exatamente da mesma

---

[16] O termo foi preservado como utilizado pela autora em seu texto, e neste trabalho entendido como língua utilizando os termos da tradução em Espanhol de palavra = língua e não da tradução para a Língua Portuguesa em que palavra = linguagem.

> maneira que a primeira língua de cada um medeia os pensamentos e a segunda língua. Portanto, o desenvolvimento de conceitos científicos depende e se constrói a partir de um conjunto já existente de conceitos cotidianos (Panofsky; John-Steiner; Blackwel, 2002, p. 245-246, grifo nosso).

O que pretendemos aqui é apresentar argumentos que consolidem que a Língua de Sinais é a responsável pela constituição do sujeito surdo e que ela é capaz de desenvolver as funções psicológicas superiores para a formação de conceitos cotidianos e escolares, e aprendizagem da L2.

As funções psicológicas superiores são adquiridas, como diz Pino (2005), por meio do nascimento cultural — quer dizer pensar, falar, rememorar, ter consciência, precisam de interação, experiências e trocas entre as pessoas para serem desenvolvidas. Todo ser humano nasce com capacidade para desenvolvê-las, mas se não entra em contato com o outro e não se torna cultural não vive as experiências necessárias para esse desenvolvimento.

> [...] As funções elementares se propagam por meio da herança genética; já as superiores propagam-se por meio das práticas sociais. O que em razão da sua natureza simbólica, permite dizer que elas se propagam por si mesmas. É o que ocorre, por exemplo, com a palavra (função do falar) e com a ideia (função do pensar) que, à maneira do fogo que consome tudo o que está em sua volta, elas transformam tudo em palavra e em ideia. As palavras dão origem a outras palavras; as ideias, a outras ideias (Pino, 2005, p. 53, grifos nossos).

Pino afirma que as funções superiores que constituem as pessoas são prioritariamente relações sociais. Isso quer dizer que todas as crianças precisam de relações sociais significativas, experiências culturais e do contato com o outro e consigo para se constituir. No caso específico dos surdos, é primordial que esse contato aconteça numa língua em que possa haver comunicação e entendimento e com possibilidades de desenvolvimento.

Crianças surdas não podem ouvir; logo, esse contato não pode ser apenas oral-auditivo. Os toques, gostos, cheiros, gestos são muito significativos, e a língua adquire um papel fundamental nesse processo, porque é por meio dela que as coisas farão sentido.

Para crianças ouvintes, ligação e desenvolvimento acontecem precocemente: os pais brincam, elas se relacionam com outras crianças que trazem experiências de seus ambientes familiares diversos, quando entram na escola compartilham com outros as experiências que possuem, e também entram em contato com um novo ambiente cultural (escola).

As crianças surdas, que em sua maioria são filhas de pais ouvintes, não acessam a língua dos pais naturalmente, logo a aprendizagem fica comprometida já nessa primeira fase, pois os códigos não são compatíveis. As brincadeiras nem sempre são significadas, as experiências se tornam difíceis de ser compartilhadas, e o contato com o outro acaba sendo exclusivamente na língua em que eles não acessam.

Na maioria das vezes, o contato com a Língua de Sinais se dá no momento do ensino fundamental, ou seja, tardiamente, e é utilizado apenas na escola. As famílias não costumam utilizar a Libras em casa, travando a comunicação e impossibilitando a troca para a construção de conceitos.

> En la historia del desarrollo cultural del niño encontramos dos veces el concepto de estructura. En primer lugar, este concepto surge ya desde el comienzo de la historia del desarrollo cultural del niño, constituyendo el punto inicial e de partida de todo el proceso; y en segundo lugar, el propio proceso del desarrollo cultural ha de comprenderse como un cambio de la fundamental estructura inicial y la aparición en su base de nuevas estructuras que se caracterizan por una nueva correlación de las partes. Llamaremos primitivas a las primeras estructuras; se trata de un todo psicológico natural, determinado fundamentalmente por las peculiaridades biológicas de la psique. Las segundas estructuras que nacen durante el proceso del desarrollo cultural, las calificaremos como superiores, en cuanto representan una forma de conducta genéticamente más compleja y superior (Vygotsky, 2012a, p. 121).

A educação bilíngue no contexto do nosso país pressupõe que a Língua Portuguesa deve fazer parte desse processo; o Decreto n.º 5626/05 afirma que ela deve ser aprendida na modalidade escrita e deve fazer parte do processo educativo.

O que não pode ocorrer, no entanto, é a inversão do papel das línguas. A Língua Portuguesa não é uma língua assimilada naturalmente pela maioria dos surdos; é preciso uma metodologia diferenciada, aliada, já que se trata de uma língua escrita de base alfabética, e seu aprendizado como L1 nas escolas regulares tem como base o som.

Sabemos, no entanto, que o surdo tem total condição de aprender, mas para isso deve viver experiências em L1, nesse caso a Libras. É ela que vai mediar o aprendizado da L2, Língua Portuguesa, porque é a Libras que estruturará o pensamento e então permitirá que os conteúdos sejam compreendidos e "traduzidos" significativamente.

A aprendizagem da L1 (Libras) deve ocorrer de forma natural, por intermédio de interações com adultos/falantes da língua. A mediação deve ocorrer nas relações cotidianas, por meio de brincadeiras, comandos, ordens e conversações, assim como acontece com as crianças ouvintes.

> La utilización de las herramientas y los aparatos presupone, en calidad de premisa indispensable, la existencia de los órganos y funciones específicos del ser humano. La inserción del niño en la cultura está determinada por la maduración de los aparatos y funciones correspondientes. En una etapa determinada de su desarrollo biológico, el niño domina el lenguaje, si su cerebro y órganos articulatorios tienen un desarrollo normal. En otra etapa superior del desarrollo, el niño domina el cálculo decimal y lenguaje escrito; algo después, las fundamentales operaciones aritméticas (Vygotsky, 2012a, p. 41).

Não se deve pensar em atividades mecânicas e sistematizadas para que a L1 seja adquirida. Ela é um processo natural, aprende-se no exemplo, na imitação, no jogo simbólico e nas experiências.

A partir dessas interações, as crianças vão ganhando a capacidade de transformar o conhecimento cotidiano que possuem em conhecimento científico, ou seja, vão se apropriando dos conceitos e generalizando-os, validando-os e contestando-os.

Esse é um processo extremamente importante, já que é a partir dele que as experiências trazidas pelas crianças são debatidas e transformadas.

> El desarrollo del concepto científico de carácter social se produce en las condiciones del proceso de instrucción, que constituye una forma singular de cooperación sistemática del pedagogo con el niño. Durante el desarrollo de esta cooperación maduran las funciones psíquicas superiores del niño con la ayuda y la participación del adulto. En la esfera que nos interesa, esto encuentra su expresión en la creciente relatividad del pensamiento causal y en el hecho de que el pensamiento científico del niño avanza hasta alcanzar un determinado nivel de voluntariedad, nivel que

> es producto de las condiciones de la enseñanza. La singular cooperación entre el niño y el adulto es el aspecto crucial del proceso de instrucción, junto con los conocimientos que le son transmitidos al niño según un determinado sistema. Estos factores explican la maduración temprana de los conceptos científicos y también el hecho de que el nivel de su desarrollo intervenga como una zona de posibilidades muy próximas a los conceptos cotidianos, abriéndoles el camino y preparando su desarrollo (Vygotsky, 2014, p. 183, grifo nosso).

Tudo isso, no entanto, só pode acontecer se o adulto em questão souber a língua para a devida interação, considerando-se não somente a gramática da língua, mas sobretudo o sentido proficiente de uso, que permite a construção real dos conceitos.

Para que isso seja possível, o contato com outros usuários da Libras se faz necessário. O que tínhamos antes, nos momentos descritos nos capítulos anteriores no Oralismo e na Comunicação Total, era uma negação e um afastamento dessa comunidade e da Libras. Por isso, muitos surdos não conhecem a língua, mas quando há aproximação e a formação de uma comunidade a língua acontece, e viver imerso nessa língua propicia a troca de conhecimentos e experiências e consequentemente a aquisição dos conceitos. "La lengua materna establece en cada individuo procesos peculiares de acoplamiento y construcción de las ideas, que se expresan en las formas sintácticas. Estas formas adquieren una solidez asociativa excepcional, pero son diferentes en los distintos idiomas" (Vygotsky, 2012a, p. 342).

A grande questão que enfrentamos no ambiente escolar e familiar é que os professores/pais e os alunos não compartilham a mesma língua. A maioria dos adultos envolvidos tem como L1 a Língua Portuguesa e utiliza a Libras como L2, e, para o surdo, acontece exatamente o contrário.

Muitas vezes, essa situação impede que a relação entre criança/adulto tenha qualidade, isto é, o conhecimento que o adulto possui não é suficiente para que o processo de aprendizagem natural aconteça. O que acaba ocorrendo é uma sobreposição de línguas que dificulta ainda mais o aprendizado.

Conhecer o vocabulário de uma língua não garante um bom uso dela, e essa é a forma como a maioria das pessoas aprendem Libras. É com esse conhecimento da língua que muitos adultos responsáveis por interagir com crianças surdas se relacionam, um conhecimento lexical.

Acaba-se desenvolvendo atividades de vocabularização com as crianças, impossibilitando que as funções psicológicas superiores das crianças surdas se desenvolvam e que as interações na língua se tornem significativas a ponto de despertar esse processo.

> Todo el desarrollo cultural de un niño sordo seguirá un curso distinto al de un niño normal. El defecto origina unas dificultades para el desarrollo biológico y otras, completamente distintas, para el cultural. Así en el plano del desarrollo orgánico, la sordera no es una alteración particularmente grave y destructiva... Pero en el plano del desarrollo cultural la sordera es uno de los obstáculos más graves. Las vías colaterales para el desarrollo del lenguaje conducen a unas formas de conductas nuevas, excepcionales, incomparables (Vygotsky, 2012b, p. 43).

Com a grande duração das abordagens educacionais que não valorizavam a Língua de Sinais, ocorrem grandes equívocos sobre o papel dela na formação do sujeito e que, na maioria das vezes, acabam inviabilizando e tornando tardio esse processo. "Con el método actual, la educación social resulta imposible, porque no se la puede realizar sin lenguaje, y ese lenguaje (oral y mímico) que da la escuela a los niños es, por su esencia, un lenguaje asocial. Por eso tenemos que comenzar por el lenguaje" (Vygotsky, 2012b, p. 341-342).

Para tornar viável uma educação que valorize a língua dos surdos e possa promover de fato uma educação bilíngue que permita que as funções psicológicas superiores se desenvolvam, as interações devem acontecer por meio da Língua de Sinais, que permite aos surdos o conforto linguístico.

> Entende-se, então por conforto linguístico, a situação de uma pessoa que se comunica e interage com o mundo, por meio de uma língua que lhe é natural, língua esta que lhe dá condições de entender e interpretar o mundo de maneira completa e significativa, e de produzir sentido nos enunciados nesta língua. Gomes e Góes (2011) ressaltam que, quando tratamos de duas modalidades tão distintas, como o Português e a Libras, a competência e o conforto linguístico da primeira língua é sempre superior ao da segunda, para qualquer indivíduo (Santiago; Andrade, 2013, p. 147).

Por meio da Libras, que permite esse conforto, os surdos podem trocar as experiências, interagir consigo e com os outros.

Língua, linguagem e a questão dialógica

Bakhtin (2009, 2010a, 2010b) não dedicou seu trabalho às questões pedagógicas e escolares, mas sua teoria é perfeitamente adequada para discutir princípios educativos, principalmente aqueles ligados à educação de surdos, porque considera as relações sociais, entende a língua como viva e trabalha com conceitos importantes como dialogismo e enunciado.

Esses conceitos são muito importantes para embasar as análises deste trabalho, visto que trabalhamos numa perspectiva dialógica e não monológica, em que os sujeitos são ativos-responsivos, participantes do diálogo que carrega uma infinidade vozes na sua constituição.

> A orientação dialógica é naturalmente um fenômeno próprio a todo o discurso. Trata-se da orientação natural de qualquer discurso vivo. Em todos os seus caminhos até o objeto, em todas as direções, o discurso se encontra com o discurso de outrem e não pode deixar de participar, com ele, de uma interação viva e tensa. Apenas o Adão mítico que chegou com a primeira palavra num mundo virgem, ainda não desacreditado, somente este Adão podia realmente evitar por completo esta mútua orientação dialógica do discurso alheio para o objeto. Para o discurso humano, concreto e histórico, isso não é possível: só em certa medida e convencionalmente é que pode dela se afastar (Bakhtin, 2010b, p. 88, grifo nosso).

Tudo o que aprendemos no decorrer de nossas vidas faz parte de contextos determinados. O que reproduzimos não é inédito, mas repetido, recriado, ressignificado de acordo com as experiências vividas. E essas vivências são permeadas pela linguagem.

A linguagem é entendida socialmente e composta de signos diversos. Vamos tratar aqui da língua que faz parte desse universo linguístico, e que de acordo com o autor é algo em constante mudança e que se manifesta por meio de autores que dão sentido a ela de acordo com um conjunto complexo de fatores como: posição social dos interlocutores, pressuposições, intuito discursivo.

> Todos os diversos campos da atividade humana estão ligados ao uso da linguagem [...] O emprego da língua efetua-se em forma de enunciados [...]. Esses enunciados refletem as condições específicas e as finalidades de cada referido

> campo não só por seu conteúdo (temático) e pelo estilo de linguagem, ou seja, pela seleção dos recursos lexicais, fraseológicos e gramaticais da língua, mas acima de tudo, por sua construção composicional (Bakhtin, 2010a, p. 261).

O homem como ser histórico está sempre em relação social com o outro; de acordo com Bakhtin, apresentado por Fiorin (2008), "isso significa que o dialogismo é o princípio de constituição do indivíduo e o seu princípio de ação", pois é nesse processo que as trocas acontecem e que os indivíduos se constituem.

Para que a linguagem possa ser expandida e essas relações validadas e valorizadas, é primordial uma língua comum que possa dar às palavras emitidas não apenas o status de unidades da língua, mas de enunciado, conforme citação a seguir:

> [...] as relações entre as unidades da língua são relações semânticas ou lógicas [...]. Já os enunciados têm autor. Por isso, revelam uma posição. Quando alguém diz "água" numa brincadeira que envolve luta, o termo deixa de ser uma unidade da língua, pois, ao ganhar um autor, torna-se um enunciado e significa que a pessoa o pronunciou está rendendo-se [...] As unidades da língua não são dirigidas a ninguém, ao passo que os enunciados têm um destinatário (Fiorin, 2008, p. 22).

Neste trabalho, pensa-se no surdo como sujeito da linguagem, com outros interlocutores que possam mediar a construção dos seus conhecimentos e conceitos, aprendizagem da língua e a ampliação de linguagem. Se esses surdos forem imersos precocemente no fluxo discursivo em Libras, isso ocorrerá de forma natural, quer dizer, no contato, nas brincadeiras, nas trocas, na vivência.

No entanto devemos considerar que a Língua de Sinais, por conta de diversos fatores, demorou para fazer parte do universo educacional das pessoas surdas. A Língua Portuguesa manteve um status de língua padrão. As relações de poder entre as duas línguas ainda hoje se colocam como língua hegemônica e língua subordinada.

Existe ainda um descrédito em relação à Língua de Sinais. Algumas pessoas duvidam que ela possa desempenhar todas as funções elencadas até agora. Embora haja uma legislação que garanta a todos os surdos uma educação bilíngue, o Decreto n.º 5.626/05 — que prevê a Libras como língua de instrução —, esse Bilinguismo tem dificuldades de se consolidar, porque a política nacional de educação que deu origem à lei da inclusão não deixa claro qual status a Libras desempenha nos espaços educacionais, causando, assim, uma ambiguidade de interpretação.

> Assim, de forma contrária ao disposto no Decreto, a Política, ao orientar sobre a educação de alunos surdos, não deixa claro qual língua deverá ser utilizada pelo professor nas salas de aula inclusivas (língua portuguesa ou Libras), desconsiderando o fato de ser impossível o uso de ambas concomitantemente. Infere-se, pelo discurso utilizado, que a língua portuguesa em sua modalidade oral seja aquela utilizada pelo professor, a língua de interlocução nas salas de aula, logo aquela responsável pela mediação dos processos de ensino e de aprendizagem dos alunos (Lodi, 2013, p. 55).

Para que se construam enunciados, o autor precisa compreender o contexto em que está inserido e, principalmente, entender quem é o outro com quem se relaciona. Isso só é possível com relações significativas, no caso do surdo em Libras.

Se a língua utilizada no espaço escolar for uma língua comum, é possível que esses processos ocorram naturalmente e o desenvolvimento dos surdos seja compatível com os dos demais estudantes da mesma faixa etária; porém, se a língua utilizada for de acesso difícil ao aluno, ele terá de desenvolver outras habilidades que não serão tão naturais para alcançar o entendimento, e, dessa forma, pode ocorrer um atraso nesse processo.

> Bakhtin argumenta que só há compreensão da língua dentro de sua qualidade contextual. Só no contexto real de sua enunciação se torna possível a concretização da palavra. Seu sentido é determinado pelo contexto, havendo tantas significações possíveis quanto forem os contextos possíveis (Freitas, 1994, p. 105).

Estar imerso em um ambiente com outras pessoas, interagir e compreender os signos à sua volta, entender-se parte do processo e experimentar empodera esse sujeito. Nesse caso, compartilhar a mesma língua auxilia. Na realidade anterior, em que a língua não era compartilhada, esses sujeitos demoravam mais tempo para conseguir interagir e se compreender mutuamente.

O surdo não se via como sujeito de conhecimento no Oralismo, nem na Comunicação Total; era dependente do outro, e não participante. Constituía-se como sujeito de menor valor ou com poucas possibilidades.

> Bakhtin se pergunta então se o receptor/ouvinte estaria apegado à norma linguística para compreender o enunciado do locutor. Certamente não, pois o que dá sentido à fala do outro e a possibilidade de compreendê-la elaborando uma resposta é o contexto concreto da enunciação particular. Pertencente à mesma comunidade linguística, o signo é para o ouvinte do mesmo modo variável e flexível e não um sinal imutável e sempre idêntico. O que possibilita o diálogo é a mútua compreensão da palavra em seu sentido particular dado pelo contexto e pelos sentidos produzidos a partir dele (Pinto, 2010, p. 59).

Quando os surdos estão em ambientes em que a Libras circula e permeia essas relações das quais falamos, ele consegue se projetar assim como os ouvintes, ele percebe que é capaz de produzir conhecimentos e compartilhar suas histórias, cria uma identidade surda positiva.

É por isso que defendemos a educação bilíngue, porque os sujeitos adquirem língua da forma como Bakhtin descreve em sua obra, como algo vivo e contextualizado, e podem transferir esses conhecimentos para aprender a L2 — nesse caso, a língua portuguesa. Sua experiência na L1 o auxiliará a transferir os conceitos para a L2, será significativa e contextualizada, perpassará pela validação na L1.

A Libras deve ser vista como língua que viabiliza a aprendizagem de conceitos e de mediação desses conceitos; ela deve desempenhar o mesmo papel que a língua portuguesa para os ouvintes.

> Assim, no caso da educação para surdos, apenas surdos adultos, participantes e atuantes da comunidade surda e, portanto, membros de referência, podem ser os interlocutores para a imersão de seus pares na língua de sinais, interferindo ideologicamente, por meio dela, nos padrões culturais e de interpretação de mundo fundados nas relações com a linguagem. É apenas na interação com adultos surdos que as crianças podem desenvolver uma identificação positiva com a surdez (Lodi, 2005, p. 419).

Entende-se a priorização do adulto surdo, no entanto considera-se que a partir da realidade brasileira um interlocutor proficiente em Libras poderá auxiliar no processo de aquisição da Libras como língua natural.

AS VOZES NAS ATIVIDADES

Interrogação
(Antonio Júlio)

Vou convidar você para dançar
Espero que esta música te tire do lugar
Nessa viagem ninguém poderia te pedir para parar
No ponto que parte do apartamento vizinho.
Reclamação
Do ponto de vista do entendimento da vida.
Interrogação, interroga.

A ponte que liga, o pensamento que explica
Do ponto que parte do apartamento vizinho
Do ponto de vista do entendimento da vida.
Interrogação, interroga.

Abra os olhos pro sol.
Veja o dia
A palavra de ordem, alegria
Para as caras feias, bom dia
A cultura é carta de alforria

Nesta parte do trabalho, será apresentada a análise a partir de episódios construídos a partir de algumas atividades realizadas pela pesquisadora em momentos diversos da sua atuação profissional.

> [...] é necessário ir além do que fenotipicamente "aparece", pois, esse "dado" é resultado de um processo em que se constitui a partir de determinadas condições, históricas e sociais. Mais do que estudar o modo como algo se apresenta (um processo psíquico, ou outro objeto de estudo), se faz necessário pesquisar como pôde chegar a se apresentar do modo como se apresenta hoje, busca essa que almeja a desnaturalização de fenômenos a partir de um olhar que enfoca sua historicidade e a complexidade das relações que o instituíram (Zanella, 2007, p. 29).

De acordo com Pinto (2010), tendo em vista o objetivo de analisar e refletir sobre uma experiência de educação bilíngue com estudantes surdos, a análise da triangulação de técnicas buscou a partir dos diálogos e das ações entre os agentes e a comunidade escolar construir categorias que possibilitassem a análise microgenética das situações pedagógicas.

> Desta maneira, a atenção esteve voltada não exclusivamente para os pontos gerais das ocorrências, mas da mesma forma para as minúcias e peculiaridades, para aquilo que não está dado, não está evidente. A atenção a detalhes em episódios interativos vincula indícios a condições macrossociais num relato cuidadoso dos acontecimentos, por isso, a análise está frequentemente associada ao uso de videogravação e transcrição (Pinto, 2010, p. 69).

A análise microgenética é uma abordagem metodológica que envolve a interpretação histórico-cultural e semiótica dos processos humanos, além de vinculações com aportes teóricos ligados ao paradigma semiótico-indiciário. Uma das linhas diretivas dessa abordagem assume a centralidade da relação entre cultura, história e semiótica no funcionamento humano, quer dizer, parte do pressuposto de que a origem dessa atividade é cultural e social porque se dá na interação com o outro e com a cultura, mediada pela língua.

Por isso, essa forma de análise das interações se faz articulada ao exame do funcionamento dialógico-discursivo, investigando os processos de constituição dos sujeitos por permitir o estudo das relações intersubjetivas.

Com base nesses pressupostos, dividimos a realização de análise em quatro categorias:

1. Uso das línguas analisando como elas aparecem no ambiente escolar e quais papéis que exercem enquanto L1 e L2.

2. Relações refletindo acerca do que acontece além do espaço da sala de aula, reuniões de pais e atividades culturais fora da escola e o contato com outros ouvintes.

3. Pertencimento analisando o significado do espaço que a escola exerce na vida dos alunos surdos.

4. Mono ou Bi – Espaço das línguas nas atividades ponderando como são realizadas as atividades na L2 — leitura e escrita — e qual a influência da L1 nesse processo.

É importante salientar que as categorias foram definidas após as observações realizadas. Foram as anotações quem subsidiaram as categorias. Elas não foram criadas antes do contato com o objeto de estudo. Também para preservar as identidades dos participantes, os nomes utilizados nos relatos são fictícios.

As análises dos episódios foram organizadas em blocos, com mais de um episódio ou individualmente, de acordo com as reflexões acerca do tema e das categorias analisadas.

Na construção dos episódios, será utilizada a técnica de notação em palavras em caixa alta como recurso para manter a fidedignidade em Libras nas interações em Língua de Sinais. As interações em língua oral e sinais da Libras (bimodalismo) serão apresentadas em caixa alta e itálico. As interações orais entre oralizadas e professores serão representadas em caixa alta, itálico e sublinhadas.

1. Uso das línguas analisando como elas aparecem no ambiente escolar e quais papéis exercem enquanto L1 e L2

Episódio 1 – Palestra

Ao final do intervalo, todos os alunos da escola se dirigiram ao anfiteatro para acompanhar a palestra. A professora ouvinte se sentou bem próximo ao aluno Humberto e pediu a Mauricio, outro aluno, que se sentasse mais próximo a mim. Além dos alunos e professores do turno, havia apenas mais quatro pessoas no anfiteatro, uma mãe e seu filho, aluno do período da tarde, e três adultos sozinhos. Uma intérprete estava presente para fazer a voz do astrônomo, que também era surdo, e proferiu a palestra em língua de sinais usando os termos técnicos. Ao final foi aberto para perguntas:

Marcelo (5º ano) – VOCÊ EXPLICAR ÁGUA ESPAÇO LÁ TER. COMO ÁGUA IR ESPAÇO?

Palestrante – ÁGUA É GÁS JUNTOS, VOCÊ SABER O QUE ÁGUA?

Marcelo (5º) e Guilherme (4º) respondem – H + O - GÁS

Palestrante – TER GASES LÁ ESPAÇO JUNTOS FORMA ÁGUA.

Guilherme (4º) – EU QUER SABER ROXO VOCÊ MOSTRAR O QUE É?

Palestrante vai passando os slides até chegar a um que, pela complexidade, afirmou que não seria explicado durante a apresentação, e o menino faz a pergunta acima. O palestrante faz uma explicação breve dizendo o que é e onde é encontrado.

As quatro perguntas que seguiram era para que ele explicasse os outros elementos do mesmo slide.

Episódio 2 – De menino e de menina

> Na dinâmica das atividades da oficina de jogos e brincadeiras com o professor Cássio (surdo), ele propôs um jogo com a participação de todos que envolvia sequência numérica no computador. Tratava-se de um jogo em que os alunos deveriam saber qual número antecedia ou sucedia o que era apresentado. Como todos os alunos participariam, ele foi colocando os nomes nos espaços da página do referido jogo; em frente havia um círculo colorido, onde ele ia colocando os nomes dos alunos.
>
> Maurício [aluno]: (bravo) EU MENINO, VOCÊ NOME MEU COR ROSA, NÃO PODE!
>
> Cássio: (em tom de pergunta): SE LÁPIS ROSA VOCÊ PINTAR TRANS-FORMA MULHER? ELA (sinal de uma aluna que estava próxima) CALÇA AZUL ELA HOMEM?
>
> Mauricio: Olha pensativo para os colegas esperando alguma intervenção.... Todos olham de Mauricio para Cássio.
>
> Maurício: Levanta em direção ao computador para tirar seu nome da frente do círculo rosa, mas o professor pede para que ele pare.
>
> Alberto (o outro professor surdo passou pela porta e Cássio o chamou)
>
> Cássio: (pergunta para a classe) PROFESSOR ALBERTO (sinal) – MULHER OU HOMEM.
>
> Todos, inclusive Maurício, respondem HOMEM.
>
> Cássio: COR CAMISETA (sinal do professor)?
>
> Alunos: ROSA
>
> Cássio: ROSA, NÃO É? ELE MULHER?
>
> Maurício olha novamente para todos, responde que não balançando a cabeça e senta perto de Leandro para participar da brincadeira.

Episódio 3 – A bronca

> Os alunos vão entrando na sala de aula onde o professor surdo espera.
>
> Diane: (olhando na mochila) ROUBAR BOLACHA MINHA ALGUÉM?
>
> Professor surdo: (pergunta sério) ALGUÉM BRINCAR PEGAR A BOLACHA? (Olha para todos que se organizam para sentar) NÃO LEGAL BRINCAR.
>
> Alunos: NÃO PEGAR.
>
> Alberto [professor surdo]: DIANE (sinal) OLHAR OUTRA VEZ MOCHILA, ATENÇÃO! Ela olha, mas não encontra.

> Aluna Sandra: (pega um pacote de bolacha da bolsa e entrega para Diana)
>
> Alberto: (se referindo a Sandra) VOCÊ PEGAR?
>
> Sandra: NÃO. ESSE MEU, EU NÃO QUERER.
>
> Alberto: NÃO. (devolve o pacote para Sandra) QUEM PEGAR DEVOLVER. (pede para todos abrirem as mochilas que ele olhará – olha todas as mochilas e não encontra) chama Diana e diz: VOLTAR CAMINHO E PROCURAR.
>
> Diana: Refaz o caminho, mas não encontra.
>
> Pamela (professora de Ed. Física) passa e encontra Alberto no corredor e pergunta o que houve, ele explica. Ela diz: SILVIA (sinal inspetora) ENCONTRAR BOLACHA NO CHÃO, SECRETARIA LEVAR.
>
> Diana: Vai até a secretaria e volta com o pacote de bolacha.
>
> Alberto: DIANA (sinal) VER O QUE ACONTECER? VOCÊ ACUSAR PROVA NÃO TER, EU OLHAR MOCHILAS AMIGOS TODOS, NINGUÉM CULPA VOCÊ ATENÇÃO NÃO TER. FAZER O QUE AGORA?
>
> Diana: DESCULPA. PENSAR ALGUÉM PEGAR.
>
> Alberto: PRECISA CUIDADO FALAR ROUBAR, NÃO PODE! SE COLEGA FAZER IGUAL? VOCÊ QUERER QUE PROFESSOR OLHAR MOCHILA?
>
> Diana: (olha para todos os amigos) DESCULPAR!
>
> Todos guardam o material e saem para a atividade.

Os três episódios descritos mostram a Língua de Sinais em uso e com propósito educativo. O episódio 1 mostra como a língua é compartilhada para aquisição de conceitos novos e para sanar dúvidas decorrentes desse processo, destinada a alunos com idade entre 7 e 12 anos. Os episódios 2 e 3 descrevem intervenção do adulto para problematizar questões envolvendo valores: o episódio 2, com alunos entre 7 e 8 anos; e o episódio 3, com alunos de 9 a 12 anos.

A escola estimula essa forma de comunicação, e as trocas são realizadas e contextualizadas o tempo todo na L1 dos alunos, já que, como apontam Salles *et al.* (2004), "A língua de sinais, uma vez entendida como a língua materna do surdo, será, dentro da escola, o meio de instrução por excelência".

As três situações são de grande importância para a constituição identitária desses alunos, porque partilhar uma língua comum permite construir e validar conceitos. É produzir enunciados.

> Esses enunciados refletem as condições específicas e as finalidades de cada referido campo não só por seu conteúdo

(temático) e pelo estilo da linguagem, ou seja, pela seleção dos recursos lexicais, fraseológicos e gramaticais da língua, mas, acima de tudo, por sua construção composicional (Bakhtin, 2010b, p. 261).

No episódio 1, pode-se constatar um dos elementos discutidos por Vygotsky ao falar da construção de conceitos científicos e da mediação. A experiência ali vivenciada proporcionou aos alunos aprendizagem. O comportamento dos alunos e do palestrante desmistifica a ideia de que sinais específicos são necessários para que haja entendimento ou construção de conceitos, quer dizer, que é preciso que se tenha um único sinal referente a determinados conceitos para que a explicação possa ocorrer.

A área em questão é uma das relatadas como complexa e, portanto, sem sinais específicos para os conceitos, no entanto essa suposta ausência não impediu a explicação, interação e a troca entre os sujeitos. As crianças ficaram atentas às explicações e não houve, por parte do palestrante, simplificação. No momento em que ele pensou em fazer isso, as crianças trouxeram à tona o slide considerado difícil e se mostraram muito atentos e participativos às explicações.

A explicação do palestrante nos mostra que argumentos como o publicado na reportagem da revista Ciência Hoje (2012)[17] são equivocados e preconceituosos, uma vez que fazem crer que mesmo sendo língua e compartilhada a Libras apresentaria uma espécie de delay em relação à Língua Portuguesa, e isso impediria ao surdo um real acesso ao conhecimento, principalmente os relativos a conteúdos científicos. O episódio nos mostra a naturalidade da comunicação e a troca de informações permeadas pela língua e a compreensão de conceitos mesmo sem sinal específico, quer dizer, não é o sinal de fotossíntese que vai fazer com que o aluno compreenda o conceito, mas o entendimento do processo. Como a língua é viva, é exatamente nesses momentos em que os sinais vão sendo criados, e não antes.

Os episódios 2 e 3 lidavam com questões de valores sociais e preconceitos aprendidos nas relações sociais. De acordo com Vygotsky, a influência do meio fornece elementos para serem colocados nos momentos de interação e trocas. Nos episódios destacados, as experiências acumuladas fazem com que os alunos apresentem suas impressões quanto à marca-

---

[17] "A primeira surpresa foi verificar que a Libras é muito pobre em termos científicos e tecnológicos, o que deixa os surdos à margem desses conhecimentos."

ção de gênero definida e atribuída a partir de cor (rosa = menina e azul = menino); e o acusar (sem provas). Essas relações podem ser verificadas na mídia, nos desenhos, nas conversas e, em específico quanto ao gênero, por meio das roupas.

Nos dois casos, o professor problematizou o momento do conflito, gerando tensão. Isso só foi possível porque a língua permitiu essa intervenção a respeito da ideia construída, permitindo compreensão por parte dos estudantes e proporcionando a eles outros elementos para serem avaliados. Lacerda e Lodi (2009), com base nas ideias de Bakhtin, explicitam essa relação:

> Conforme Bakhtin/Volochinov (1999), que a comunicação da vida cotidiana, parte importante da comunicação ideológica, deve ocorrer por meio das relações estabelecidas entre sujeitos socialmente organizados. Assim, a língua, por ser carregada de ideologia, é o veículo de transmissão cultural, para a estrutura e experiência do pensamento e saber social (Lacerda; Lodi, 2009, p. 145).

Foi possível perceber que, mesmo diante dos argumentos e cedendo à ideia inicial, Mauricio não quis continuar a discussão relacionada a gênero. O argumento — meninos não usam rosa — precisava ser reorganizado, repensado. No caso de Diana, a situação exigiu também uma compreensão do ato e uma resposta ao que a situação inicial criara. Parar para pensar ou reconsiderar o que inicialmente se diz necessita de ressignificação. As respostas, sejam elas verbais ou não, só são possíveis quando há compreensão, e a atitude responsiva pode ser um pedido de desculpa ou um silêncio para reflexão.

> Vygotsky sustenta que a união da atividade prática com o signo ou palavra constitui "o grande momento do desenvolvimento intelectual em que ocorre uma nova reorganização do comportamento da criança". Mas é errado pensar que essa união é um processo natural ou resultado do hábito, como dizem certos psicólogos. Muito pelo contrário, essa união "é o produto de um processo profundamente enraizado de desenvolvimento em que a história do sujeito individual está completamente ligada à sua história social" (Vygotsky *apud* Pino, 2005, p. 137).

Episódio 4 – Dia dos pais

Para a comemoração do dia dos pais, os alunos de todos os anos da escola fizeram docinhos — beijinhos. As professoras pediram os ingredientes, e, nos dias combinados, numa escala com horários, os grupos se revezaram no refeitório para a produção das receitas.

Alunos do 2º e 3º anos

Durante a semana, as professoras solicitaram os ingredientes, colocaram a receita na lousa e todos os alunos fizeram cópias em seus cadernos, realizaram a leitura da receita e a identificação do vocabulário. Sempre mostrando as embalagens ou desenhos correspondentes aos objetos, ensinaram os sinais e pediram aos alunos que os identificassem em seus momentos de leitura.

No dia combinado, os alunos chegaram ao refeitório com as professoras e se sentaram. As professoras colocaram os ingredientes em cima da mesa e, conforme iam lendo a receita, pediam aos alunos que colocassem os ingredientes na panela.

Professora Amanda (ouvinte): LEITE MOÇA, QUEM TRAZER?

Eliane, Breno, Vagner (levantam as mãos) – EU.

Professora Amanda, pergunta à professora Camila (ouvinte) – 2º ANO LEITE MOÇA TER TAMBÉM?

Três alunos levantam a mão.

Professora Camila – MARGARINA QUEM TRAZER?

Foram perguntando sobre os ingredientes. Em seguida passaram pelos alunos, para que eles fossem colocando os ingredientes nas panelas.

Alunos do Jardim II e do 1º ano

O procedimento foi bem parecido com essas turmas, mas eles não copiaram a receita. As professoras colocaram o texto em um cartaz com base nas embalagens.

No dia combinado, também foram até o refeitório e o mesmo procedimento feito com a turma anterior foi adotado. Essas professoras também levaram a receita, lendo e pedindo aos alunos que fossem acrescentando os ingredientes nas panelas para depois levá-la ao fogo. A diferença aqui ocorreu na atividade que ficaram realizando enquanto aguardavam o doce

> apurar: em vez da história, eles desenharam um pouco e, logo depois, já estavam no horário do lanche.

Episódio 5 – Aprendendo um jogo novo

> A professora do 2º ano, ouvinte, vai ensinar aos alunos um jogo novo: eles copiam a regra no caderno e ela faz a explicação em Libras, com auxílio de esquema no quadro para entenderem. Depois, juntam-se em grupo e jogam com a professora.

Figura 18 – Imagem do jogo

Fonte: arquivo pessoal da autora

> Durante a cópia, há um pouco de conversa entre os alunos. Professora lembra o combinado do início do dia.
>
> Professora: LEMBRAR? COMBINAR? TODO MUNDO CERTO? BAGUNÇA PODE?
>
> Alunos: NÃO.
>
> Professora: COMO JOGO?
>
> Keila: PARECER OUTRO JOGO, AQUELE DIA BRINCAR.
>
> Alberto: (desenha no ar o jogo da velha) VELHA!

Mais uma vez, constatamos, a partir da base teórica histórico-cultural, a necessidade de uma língua de comunicação que permita o entendimento. As atividades responsivas demandam uma compreensão que se constitui em condição sine qua non para a consolidação de conceitos científicos, desenvolvimento das funções mentais superiores e apropriação do mundo e das relações nele existentes.

O episódio 4 ilustra a interação entre os estudantes da Educação Infantil ao Ensino Fundamental I. Até esse momento, todos os episódios ocorreram em Língua de Sinais. Lodi (2013, p. 167-168) nos auxilia na compreensão desse processo:

> Do ponto de vista teórico sócio-histórico-cultural, assumido por mim, é impossível falar de qualquer processo ensino-aprendizagem sem discutirmos, antes, desenvolvimento de linguagem, considerando que ela é a base para o desenvolvimento de todas as funções mentais superiores. A linguagem, por sua natureza, em essência, social desenvolve-se nas relações que estabelecemos com outro(s), nos diferentes contextos sociais nos quais somos inseridos; desse modo, desenvolvê-la, devemos estar em relação com outros que utilizem uma língua que nos seja acessível – no caso de crianças surdas, a língua de sinais. Apenas desse modo, o desenvolvimento de linguagem e, consequentemente, a aquisição da primeira língua entre crianças ouvintes e surdas podem ser entendidos como análogos.

A comunicação professor-aluno ocorre porque as perguntas formuladas pelos estudantes são respondidas pelos professores. Além disso, a interação entre todos os atores do diálogo permite que cada um construa, diante de suas condições e possibilidades, conhecimentos e conceitos.

No episódio 5, quando a professora pergunta pelo jogo, uma das estudantes recorre à memória de outro jogo, o que expressa sua capacidade de abstração e construção social da mente, porém não se lembra do sinal do jogo. Um colega compreende ao que ela se refere e resgata o jogo do qual a colega fala.

> A enunciação é sempre de alguém para alguém. Responde e reclama uma resposta. Esta resposta ultrapassa os limites do verbal. Está sujeita a comportamentos e solicita comportamentos que não são somente do tipo verbal: vive no cruzamento de atos comunicativos extraverbais que poder ser entendidos como signos que a interpretam e como signos que ela interpreta (Ponzio, 2015, p. 94).

Percebe-se que, independentemente da faixa etária, as crianças se arriscam no diálogo, não deixam de responder aos questionamentos nem de participar das atividades. Entendem qual papel devem desempenhar no ambiente escolar, produzindo e reproduzindo saberes.

O episódio 5 também marca um momento de aprendizado, experiências coletivas que são organizadas para a construção de saberes individuais, como afirma a teoria de que "O centro organizador de toda enunciação, de toda expressão, não é interior, mas exterior: está situado no meio social que envolve o indivíduo [...] A enunciação enquanto tal é um puro produto da interação social. (p. 125-126)" (Bakhtin, 2009).

Episódio 6 – O encontro / Espaço em que a língua não comunica

Havia observado o Jardim I no dia anterior. Nesse dia fiquei o tempo todo em outra sala de aula, mas acabei encontrando com os alunos no horário do intervalo; eles me deram um "oi" e perguntaram meu sinal.

No final do dia, quando os pais chegaram para pegar as crianças, fiquei um pouco mais e conversei com a professora. Quando estava saindo do prédio da escola, uma das crianças do Jardim I também estava saindo com sua mãe. Ele me olhou e sorriu, virou-se para mãe e fez ELA (fez o meu sinal) JUNTO PROFESSORA SINAL (fez o sinal da professora dele). A mãe olhou para ele meio confusa, ele olhou para mim e para a mãe, então eu disse em voz alta: Oi, ontem estava na sala dele, este sinal que ele fez é o meu. Voltei-me para ele e disse: AVISEI MAMÃE MEU SINAL. Ele sorriu e os dois seguiram, a mãe tentando conversar com ele utilizando alguns sinais junto com a fala.

Esse episódio 6 retrata exatamente a falta de comunicação que existe quando não há língua comum, como é mais difícil entender e se fazer entender, mas também mostra como a língua empodera o sujeito. A criança, embora com pouca idade, usa a L1 e espera que seu interlocutor responda; talvez ainda não entenda que existam duas línguas. Uma situação próxima é descrita por Sam Supalla sobre seu relacionamento com uma criança ouvinte em sua infância. A diferença que se estabelece é que a família é ouvinte e que o compartilhamento de línguas se dá na escola com os professores e amigos, no espaço escolar.

Sam nasceu numa "Família Surda", com muitos irmãos surdos mais velhos que ele e, por isso, demorou a sentir a falta de amigos. Quando seu interesse saiu do mundo familiar, notou, no apartamento ao lado do seu, uma garotinha, cuja idade era mais ou menos a sua. Após algumas tentativas, se tornaram amigos. Ela era legal, mas era esquisita: ele não conseguia conversar com ela como conversava com seus pais e irmãos mais velhos. Ela tinha dificuldade de entender gestos elementares! Depois de tentativas frustradas de se comunicar, ele começou a apontar para o que queria ou, simplesmente, arrastava a amiga para onde ele queria ir. Ele imaginava como deveria ser ruim para a amiga não conseguir se comunicar, mas, uma vez que eles desenvolveram uma forma de interagir, ele estava contente em se acomodar às necessidades peculiares da amiga. Um dia, a mãe da menina aproximou-se e moveu seus lábios e, como mágica, a menina pegou sua casa de boneca e Sam ficou estupefato e foi para sua casa perguntar a sua mãe sobre, exatamente, qual era o tipo de problema da vizinha. Sua mãe lhe explicou que a amiga dele, bem como a mãe dela, eram ouvintes e, por isso, não sabiam sinais. Elas 'falavam', moviam seus lábios para se comunicar com os outros. Sam perguntou se somente a amiga e sua mãe eram assim, e sua mãe lhe explicou que era sua família que era incomum e não a da amiga. As outras pessoas eram como sua amiga e a mãe. Sam não possuía a sensação de perda. Imerso no mundo de sua família, eram os vizinhos que tinham uma perda, uma desabilidade de comunicação (Padden; Humphries, 1999 *apud* Salles *et al.*, 2004).[18]

---

[18] A citação de Salles *et al.* faz referência a Carol Padden e Tom Humphries em seu livro Deaf in America. (London: Harvard University Press, 1999. p. 15-16).

O Ajudante

O ajudante do dia é uma prática bem-marcada desde o Jardim I até o 5º ano desta unidade escolar; os alunos levam muito a sério e fazem controle. Cada professor explora um aspecto e dá responsabilidades a esses ajudantes.

Episódio 7 – Ajudante do dia Jardim I

No Jardim I, os alunos levam as agendas à secretaria.

Neste dia todos entraram e deram um beijinho na professora. Ela apresentou a rotina do dia, que é pendurada no varal com o desenho das atividades que serão realizadas, e ela faz o sinal do ajudante do dia.

Bruno se levanta e sorri para sua imagem na plaquinha. Olha para a professora e faz seu sinal. Mostra as letras que compõem seu nome e aponta para si.

Amanda: MUITO BEM. PARABÉNS. COLOCAR MURAL VAMOS?

Bruno: Junto com a professora, coloca a plaquinha no mural. Olha para as outras plaquinhas e vai fazendo o sinal dos amigos presentes e mostra os amigos que faltaram. Olha para mim e diz, mostrando as plaquinhas, o sinal dos colegas e apontam onde estão; depois mostra os faltantes e faz o sinal de NÃO.

Ao observar essa atividade, pode-se perceber as duas línguas no ambiente escolar e o papel que elas desempenham. O episódio 7 com as crianças do Jardim I está em consonância com a proposta que a prefeitura do município de São Paulo publicou em 2008. Quando as crianças reconhecem o nome delas e dos amigos, estão iniciando um processo de aquisição da L2, portanto o trabalho com a L2 deverá ser diário partindo do uso da L1.

No Jardim I, conforme descrito no episódio, os alunos desenvolvem as mesmas atividades que as crianças ouvintes nessa faixa etária com relação à língua escrita. Ela aparece no nome, esse conjunto de "desenhos" que ganha um significado. Deveria ser desenvolvido um comportamento leitor ao observar e trabalhar as plaquinhas.

> Ao ensinar a escrita do nome estamos também ensinando a função social da escrita. Escrever o nome é o melhor modo de aprendê-lo, afinal, só se aprende a escrever escrevendo.

> As crianças devem ter contato com a escrita do nome próprio desde o início da Educação Infantil, pois ali já existem os seus objetos, seus pertences que devem ser nomeados, de preferência ao lado de suas fotos. Quando começam a fazer suas primeiras produções em papel, o professor pode solicitar que as crianças escrevam seus nomes, mesmo que não saibam fazê-lo sozinhas. Nesse caso, a filipeta de nomes é recurso imprescindível. O professor pode auxiliar as crianças pequenas colocando-se como escriba para anotar o nome da criança no canto da folha na qual ela desenha, por exemplo: ao fazer isso, ele mostra à criança como se escreve e, ao mesmo tempo, dá significado àquela marca que é o nome da criança, o que a identifica e mostra a autoria daquele desenho (São Paulo, 2008, p. 31-32).

Em uma perspectiva bilíngue, constatamos que a L2 é inserida na vida das crianças, sem pressão. Nessa fase inicial, elas brincam de decodificar sem exigências formais. Nesse momento educacional, o importante é que signifiquem em L1, mas com a L2 sempre presente.

> A ênfase, portanto, deve estar em ler, não em ensinar a ler. As explicações sobre a gramática e sobre o funcionamento discursivo devem se reduzir, no início, somente aos casos em que a criança solicitar, e deixar a sistematização para mais adiante, quando a criança já tiver mais conhecimento sobre a língua (São Paulo, 2008, p. 18).

Episódio 8 – Ajudante do dia Jardim II

No Jardim II, os estudantes levam as agendas para a secretaria, entregam os copos com água na hora de beber água, levam as escovas de dente e as pastas para o horário da escovação e completam o calendário com as atividades do dia na lousa.

> A professora inicia o trabalho chamando o ajudante do dia; para isso, vai fazendo uma revisão e estudo do alfabeto, resgatando quem foi o ajudante no dia anterior e localizando a posição da letra para saber quem será o próximo. O ajudante do dia será Bárbara, e ela coloca no espaço da rotina as aulas que terão.
>
> Professora: TER O QUE HOJE?
>
> Bárbara vai pegando as fichinhas com as atividades do dia e colocando no mural; quando termina, diz: (sinal da professora) – utilizando a fala - HOJE HINAÇÃO NÃO? EU GOSTO HINAÇÃO.

> Professora: VOCÊ FALAR O QUE? (em Libras) SINAL QUAL?
>
> Bárbara: faz o sinal do Hino Nacional e repete HINAÇÃO.
>
> Professora: (em Libras) AH! HINO. HOJE NÃO TER. HINO ONTEM JÁ.
>
> Bárbara: EU GOSTAR.
>
> Professora: NOME CERTO FALAR HINO NÃO HINAÇÃO (fala). Sorri. Ao voltar para a mesa, repete: Hinação... interessante.

No episódio 8, com os alunos do Jardim II, a intervenção é parecida com a da etapa anterior; no entanto, não se resume apenas aos nomes, mas abrange atividades que fazem parte da rotina. Por serem rotina, já são de conhecimento dos alunos, atividades já vivenciadas e significadas pelo professor e com auxílio do recurso visual/imagético da atividade.

> O aluno surdo compreende o mundo que o cerca pela experiência visual e, por não dominar o sistema de escrita de sua segunda língua, recorre a estratégias que possam satisfazer sua necessidade de informação no texto: associação à imagem. Por esse recurso, busca inferir significados que deveriam ser construídos por esquemas de leitura, que envolvem as suas experiências sociais, linguística e o sistema textual (Nogueira, 2012, p. 247).

Essas "pistas" permitem que os estudantes tenham autonomia e segurança para continuar participando das atividades. Não há medo de errar, e existe até uma disputa para ver quem reconhece e significa primeiro. Impulsiona-se um sentimento de capacidade de interpretação, primordial para as atividades de leitura de texto.

> As crianças aprendem a ler participando de atividades de uso da escrita junto com pessoas que dominam esse conhecimento. Aprendem a ler quando acham que podem fazer isso. É difícil uma criança aprender a ler quando se espera dela o fracasso. É difícil, também, ela aprender a ler senão achar finalidade na leitura (Ministério da Educação, 2001, p. 209).

O episódio traz outra questão interessante para o debate sobre o uso da língua: a criança, em destaque no episódio, utiliza a língua oral para a comunicação em determinados momentos. É interessante que ela consegue separar exatamente quando e com quem interage oralmente.

Ela cria e, na verdade, experimenta uma palavra nova, "Hinação", que se refere ao Hino Nacional. Esse é um vocabulário específico do contexto escolar e que ela precisa validar com a figura de referência — no caso, a professora.

> Esse processo reforça a importância de interlocutores usuários de LIBRAS para assumir este papel no desenvolvimento das crianças surdas, na medida em que a família ouvinte, por desconhecer a língua, pode significar apenas parcialmente as vocalizações/gestos das crianças (Lodi, 2013, p. 169-170).

Como a escola reconhece a Língua de Sinais como a L1 e a utiliza como língua de instrução e de interação, a criança não usa a língua oral como base para seu desenvolvimento linguístico, e as dúvidas que surgem em relação ao que ouve precisam ser significadas na língua de constituição — nesse caso, a Língua de Sinais.

Isso nos mostra o poder que a língua visual possui nesse espaço e como ela é significativa: "hinação" se torna sinônimo de "cantar o hino". Na plaquinha que compõe a rotina às segundas-feiras, está escrito o termo "Hino", mas a leitura que Bárbara faz é da ação de cantar o hino, logo "hinação".

De certa forma, pode-se dizer que há um caso de interlíngua, muito comum quando se colocam duas línguas em contato.

Episódio 9 – Ajudante do dia 1º ano

No primeiro ano, o ajudante completa o calendário e leva as agendas à secretaria.

> A professora pergunta aos alunos quem será o ajudante. Eles param, olham o alfabeto pendurado acima da lousa, e Leonardo diz "HOJE EU ONTEM LAIS". Ele vai escrever o dia na lousa.

Figura 19 – Lousa com atividade escrita do 1º ano

Fonte: arquivo pessoal da autora

> Leonardo vai à lousa e faz a escrita de maneira interessante, registrada acima.

As atividades bilíngues vão se intensificando à medida que os alunos avançam no processo educativo. Os episódios 7 e 8 mostram como a língua escrita vai sendo incorporada às atividades em sala de aula. No episódio 9, ela não só aparece nas plaquinhas que compõem a rotina do dia para leitura, como também começa a se manifestar na escrita dos estudantes.

Antes a Língua Portuguesa aparecia como leitura e identificação das atividades do dia; nesse momento, ela também aparece como possibilidade de produção realizada pelos estudantes.

É interessante notarmos como ela aparece no episódio, porque o aluno registra "HOJE 10 DIA MAIO". É visível que a informação foi dada; o intuito era registrar a data para o calendário, e na escrita aparece o dia e o mês. É o início do processo de escrita; logo, a estrutura da L2 ainda está sendo consolidada.

A professora não faz a correção da estrutura e continua garantindo emprego contextualizado da língua, incentivando a participação dos alunos.

Geraldi (1993) refere que, numa perspectiva interacionista, a língua só tem existência no jogo que se joga na sociedade, na interlocução, e é no interior de seu funcionamento que se pode procurar estabelecer as regras de tal jogo.

Episódio 10 – Ajudante do dia 2º ano

No segundo ano, o ajudante deve usar a datilologia do nome dos colegas presentes, dar o sinal de cada um, e também o nome e o sinal da professora. Deve dar o dia, o sinal e nome do mês e levar as agendas à secretaria.

Os alunos seguiram a rotina. Entraram, deram bom-dia, foram colocando as agendas, pastas e sucos em cima da mesa, organizaram-se nos lugares; depois, o ajudante do dia organizou com a professora a rotina.

Professora: NOME SEU QUAL?

Marlon: (responde fazendo a datilologia de seu nome)

Professora: SINAL.

Marlon: responde fazendo seu sinal

Professora: AMIGOS? NOME? SINAL?

Marlon: Vai olhando para cada um dos amigos sentados e realizando a datilologia de seus nomes; para no colega com o nome com mais letras, concentra e fecha os olhos e então faz a datilologia troca a ordem. O amigo o corrige. Ele olha atentamente e depois repete, acerta.

Professora: NOME MEU QUAL? SINAL?

Marlon: responde fazendo o sinal e a datilologia do nome da professora.

Ainda problematizando o papel das línguas, percebemos como as atividades vão se tornando complexas, mas não pesadas, quer dizer, sem fazer com que os alunos se relacionem de forma traumática com a segunda língua.

Existe a possibilidade de contar com os colegas para auxílio na situação-problema apresentada — no caso do episódio, usar a datilologia para o nome dos colegas de classe.

En contextos donde la comunicación se realiza a través de la LS, es fundamental lograr mantener la atención visual de los niños para que no solo puedan acceder a los contenidos, instrucciones y preguntas presentados por la profesora, sino también lograr una comunicación de calidad entre ellos. Las actividades específicas antes descritas, en las que se favorece el trabajo grupal con todo el curso o en pequeños grupos, relevan la importancia de este aspecto en el aula (Lissi; Svartholm; González, 2012, p. 313).

Nesse recorte os alunos precisam lidar com a memorização. Ao ter que fazer a datilologia do nome dos colegas, trabalham com a hipótese de que existe uma ordem correta para a formação das palavras e que a posição das letras tem um sentido.

A atividade "ajudante do dia" é permanente e diária, o que possibilita que todos a experienciem. Não se trata, porém, de decorar qualquer palavra: são os nomes que definem a identidade de cada um em sala de aula.

A atitude do estudante ao fechar os olhos para "lembrar" a ordem em que as letras do nome do colega aparecem, e ainda assim trocar a ordem, pode ser interpretada como processo de aquisição da escrita. De acordo com Fernandes (2003, p. 47), "[...] os erros encontrados na formação de novas palavras pelas crianças observadas por nós são os mesmos erros naturais de uma criança ouvinte: troca de letras, espelhamento, formação de palavras por associação, para citar apenas estes".

Episódio 11 – Ajudante do dia 3º ano

No 3º ano, o ajudante, além de levar as agendas à secretaria, deve preencher as lacunas e ler a pauta do dia.

A Figura 46 mostra como o 3º ano dá continuidade ao processo de aprendizagem da L2 e como a L1 influencia essa dinâmica. Cada dia os alunos são convidados a completar a rotina.

Figura 20 – Lousa com a rotina do dia do 3º

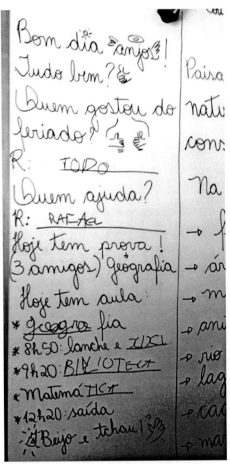

Fonte: arquivo pessoal da autora

Nesse modelo, nota-se um trabalho envolvendo leitura e escrita da Língua Portuguesa. A professora faz perguntas como: "Quem gostou do feriado?", uma tentativa de ampliar o repertório a partir de situações contextualizadas. Nesse exemplo a palavra "feriado" aparece com o desenho do sinal ao lado.

Como acontece nos demais anos escolares, todos os alunos passam pela experiência e precisam inicialmente ler e depois responder. Além das perguntas, a professora deixa algumas palavras para serem completadas e ainda fornece pistas visuais (desenhos) para auxiliar na interpretação.

Esse episódio apresenta um ponto significativo para a discussão. O ajudante do dia em questão é um aluno com múltipla deficiência, comportamento autístico, frequenta a escola desde o Jardim I e compreende tudo o que é dito em Libras; apresenta algumas dificuldades em relação à expressão, e seu traçado é comprometido. Todavia, pelo episódio, é possível identificar sua participação nas atividades pedagógicas, sem tratamento diferenciado para isso.

Mesmo com o enfoque na palavra, a atividade é desenvolvida por meio de tradução do que aparece em Língua Portuguesa para Libras no momento da leitura para a classe. A partir da produção em Libras, consolida-se o entendimento da escrita a fim de responder às perguntas e completar as lacunas. No episódio, para responder à questão "Quem gostou do feriado?", a resposta grafada pelo aluno foi "todo", e, quando ele realizou a leitura para a classe, sinalizou TODOS.

Mais uma vez, constata-se como a língua proporciona o desenvolvimento da linguagem escrita e a aquisição de conceitos. Conforme pontuam Santos e Gurgel (2009, p. 51), "as potencialidades dos sujeitos surdos são desenvolvidas desde que sua condição linguística especial seja respeitada" e "A língua de sinais é fundamental para os processos de desenvolvimento de linguagem e aprendizagem da criança surda" (Santos; Gurgel, 2009, p. 53).

Enquanto prática linguística e processo de construção de conceitos, considera-se que a atividade atingiu seu objetivo em relação a Libras. Ao analisar a atividades a partir do ensino da Língua Portuguesa, considera-se que a grafia TODO não condiz com o conceito TODOS, o que compromete a aprendizagem da L2. A mediação docente para a aquisição da Língua Portuguesa formal seria pertinente nesse momento.

Episódio 12 – Ajudante do dia 4º ano

No 4º ano, a função do ajudante é igual à do 3º ano.

Atividades de rotina. Os alunos chegam e colocam as agendas em cima da mesa, bem como a pasta com lição e diário (O diário é um trabalho que se inicia na educação infantil; no 4º ano os alunos precisam escrever 3 vezes por semana); depois, vão ocupando seus lugares e aguardam.

A professora coloca o texto abaixo na lousa:

Bom dia!

> Vamos sinalizar o hino nacional. Depois conversamos sobre a prova em libras. Vamos rever os textos que vocês escreveram sexta-feira enquanto alguns alunos refazem a prova em libras. Vocês têm Educação Física e depois matemática.
>
> Professora: DENISE (faz o sinal) AJUDANTE HOJE. LER.
>
> Denise tem muitas dificuldades, procura auxilio na professora e nos colegas.
>
> Professora: Mostra VAMOS SINAIS HINO.
>
> Denise olha de novo para a turma e Diana ajuda: DEPOIS CONVERSAR. Denise copia e completa PROVA LIBRAS.
>
> Professora: MUITO BEM! Percebendo que Denise aguarda, sinaliza – VER DE NOVO TEXTOS ESCREVER JÁ SEXTA-FEIRA, AMIGOS (faz o sinal de quatro crianças da sala) FAZER PROVA LIBRAS.
>
> Denise: Repete os sinais feito pela professora. Depois aponta para os colegas EDUCAÇÃO FÍSICA. Janaína auxilia a colega e faz o sinal MATE-MÁTICA e ela repete.
>
> Professora: AGORA SOZINHA, LER.
>
> Denise – Novamente olha para o quadro e para os amigos, que ajudam na leitura.

Nesse episódio 12, novamente a atividade é de leitura: é preciso ler o que está na lousa em Língua Portuguesa (L2), negociar o sentido das palavras e expressar em Libras (L1).

A aluna que está realizando essa tarefa apresenta dificuldades tanto de compreensão quanto na produção da Língua de Sinais. Ela entrou na escola no decorrer do processo, ou seja, não vivenciou todas as fases descritas até o momento.

Mesmo assim, a língua está sendo partilhada e tomando seu lugar no desenvolvimento das atividades. Os colegas da classe e a professora vão significando esse universo, de modo a permitir que Denise sinta-se parte integrante do processo e se manifeste diante da tarefa a cumprir.

Nesse caso a estudante necessitava consolidar sua aprendizagem da Libras, pois o diferencial entre ela e os colegas quanto a língua funcionava como um limitador e um agente de fracasso.

Os demais estudantes não discriminavam Denise e dividiam a tarefa de compartilhar a língua; no entanto, como os conceitos trabalhados no 4º ano exigiam um grau de proficiência na língua ainda não alcançado pela estudante, já que a maioria dos alunos estava ciente de que se tratava de duas línguas e que, para utilizar cada uma, era necessária a interpretação e compreensão.

> Para os surdos, a percepção visual atua recebendo informações sob a forma de sinais, imagens, cores, e os transforma em "imagens mentais", buscando os significados imediatos que dependem dos aspectos psicolinguísticos e sociais desse sujeito. Desse modo, o sinal, é o elo central da compreensão, em que mental e rapidamente formamos uma rede de conexões a outros conceitos ligados a ele (Albres, 2013, p. 127).

É importante destacar que Denise não prosseguiu os estudos com a turma principalmente por conta dessa limitação, solicitando transferência dois meses após esse episódio.

Episódio 13 – Ajudante do dia 5º ano

No 5º ano, o ajudante tem as mesmas responsabilidades que os alunos do 3º e do 4º ano.

> A rotina do 5º ano é a mesma: alunos entram, colocam os seus materiais em cima da mesa da professora e depois vão aos seus lugares. O ajudante do dia lembra que segunda-feira é dia de hino nacional, e todos se organizam para a execução do hino.
>
> O ajudante faz a leitura da rotina do dia e depois apaga as luzes, desce o telão sobre a lousa e volta para o lugar.

O episódio 13 traz a questão da demanda efetiva de autonomia para a leitura das atividades a serem executadas no dia. Pode-se constatar, durante a pesquisa de campo, o quanto essa demanda é efetiva. Seria um comportamento naturalizado que no final do processo construído ao longo dos anos desde a Educação Infantil até o final do Ensino Fundamental I.

Tudo isso só foi possível por conta do trabalho realizado na escola, que garante a continuidade e sequência, ampliando gradativamente o grau de complexidade na aquisição e uso da L1 e no ensino da L2, com preponderância para a primeira.

A partir dos episódios 7 a 13, fica evidente que a Libras como língua de instrução pode proporcionar bases sólidas para o aprendizado da Língua Portuguesa, potencial que deverá ser estimulado e consolidado por meio de técnicas e metodologias de ensino de L2.

> A rotina diária pode se transformar em uma boa situação de aprendizagem da leitura e da escrita, pois envolve a produção de textos pelo professor e a leitura dos mesmos pelos alunos. A rotina diária pode incluir lista das atividades do dia, lista dos alunos presentes, ausentes, dos ajudantes do dia, assim como relato de acontecimentos cotidianos (finais de semana, festas, entre outros) (São Paulo, 2008, p. 49).

A atividade permanente e de rotina do ajudante do dia permite que esse ciclo, citado acima, ocorra. Dessa forma, as línguas vão se consolidando nos espaços de aprendizagem.

> É pela linguagem e na linguagem que se podem construir conhecimentos. É aquilo que é dito, comentado, pensado pelo sujeito e pelo outro, nas diferentes situações, que faz com que os conceitos sejam generalizados, sejam relacionados, gerando um processo de construção de conhecimentos que vai interferir de maneira contundente nas novas experiências que o sujeito venha a ter. Ele se transforma através desses conhecimentos construídos, transforma seu modo de lidar com o mundo e com a cultura e essas experiências geram outras, num movimento contínuo de transformação e desenvolvimento. A mediação semiótica (mediação que se dá através dos sinais, dos signos e das palavras, etc.) é que permite também a incorporação do sujeito ao meio social e, com consequência, a apropriação deste (Lacerda, 1998, p. 38-39).

Episódio 14 – Duas línguas, um problema

A professora do 4º ano tinha feito uma pergunta para ser respondida: "O que você quer estudar no futuro? " Janaína[aluna] quis que Cássio [professor surdo] a ajudasse na tradução, porque ela fez uma leitura de Português sinalizado O QUE QUER ESTUDAR FUTURO, pensando se a pergunta se referia a alguma disciplina específica como Geografia, História etc., ou se era para trabalhar. Cássio explicou a Janaína, depois de ler a questão, que se tratava de FUTURO VOCÊ FACULDADE QUAL? TRABALHO QUER ESCOLHER QUAL? A aluna fez uma expressão de "Ah..." e continuou sua tarefa.

Neste momento, a professora de apoio Priscila, que é ouvinte, pediu licença a Cássio e perguntou como ele faria a questão do jeito dele, ou seja, como traduzir do português o que você quer estudar no futuro? Estudar ou ser?

Para certificar o lugar que cada língua ocupa nas situações relacionais e nas atividades pedagógicas, esse episódio tem muito a dizer e, de certa forma, traz de volta a discussão que tem como ponto de partida o episódio 1 da palestra sobre astronomia.

O episódio 14 trata da diferença que existe entre as duas línguas e como elas podem ser compreendidas. A estudante, quando faz o questionamento ao professor, interpreta seu texto; porém, por conta da experiência vivida pela manhã na palestra e na conversa em sala de aula, a estudante ficou confusa com o que leu ao negociar o sentido das palavras na pergunta.

Precisou de auxílio do professor, também surdo, para compreender. Ele, ao ler a questão, precisou de certo tempo para compreender o contexto e assim auxiliar a aluna, uma vez que ele não participou atividade e lhe faltavam componentes para auxiliá-la.

Da mesma forma, a professora ouvinte, que tem como L1 a Língua Portuguesa, foi buscar auxílio a fim de explicitar em Língua de Sinais para seus alunos a mesma questão. Mesmo nativa na Língua Portuguesa, percebeu a possiblidade de dupla interpretação para o questionamento proposto.

Para a estudante, o professor surdo é um modelo linguístico que apresenta domínio das duas línguas e que está no espaço escolar para propiciar o desenvolvimento pedagógico. Para a professora ouvinte, o professor surdo é modelo de língua, uma língua que ela utiliza, mas ainda não se sente segura na produção e tradução adequada em determinados contextos.

As duas línguas envolvidas mantêm, como esperado, relações de poder e dominância, mas não como geralmente testemunhamos. Há uma inversão nesse espaço: como a Libras é a língua de instrução, ela não é esvaziada nem preterida em relação à Língua Portuguesa, e não mantém a posição subordinada à língua portuguesa.

> [...] pois a língua oficial da escola precisaria ser, desde o princípio, a língua de sinais brasileira. É a proposição da inversão, assim está-se reconhecendo a diferença. A base de todo processo educacional é consolidada através das interações sociais. A língua passa a ser, então, o instrumento que traduz todas as relações e intenções do processo. Os discursos em uma determinada língua serão organizados e, também, determinados pela língua utilizada como a língua de instrução. Ao expressar um pensamento em língua de sinais, o discurso utilizado na língua de sinais utiliza

uma dimensão visual que não é captada por uma língua oral-auditiva, e, da mesma forma, o oposto é verdadeiro (Quadros, 2003, p. 99).

E é por isso que Priscila consulta Cássio, porque algumas sentenças não são captadas imediatamente pela língua oral-auditiva, assim como em alguns momentos observados na escola, os professores surdos pedem auxílio aos ouvintes na tradução de sentenças em Língua Portuguesa para a Língua de Sinais.

2. Relações refletindo acerca de o que acontece além do espaço da sala de aula, reuniões de pais e atividades culturais fora da escola e o contato com outros ouvintes.

Além dos muros da escola (ainda que entre eles)

Episódio 15 – Reunião de Pais

Neste dia cheguei e algumas mães já estavam aguardando no pátio. Os pais foram chegando e conversando, a equipe da escola desceu e todos se dirigiram até o auditório. A professora Carmen estava interpretando a reunião para a professora surda Yasmin. A coordenadora Celina começou apresentando as professoras e falando sobre as responsabilidades e sobre a questão do limite para as crianças. Contou um episódio de um aluno que andava dando bastante trabalho na escola (não disse o nome da criança) e que, ao conversar com ela, reclamou que os pais não entendem Libras, argumento que a coordenadora já quebrou porque conhece a família e sabe que há diálogo entre eles. Pediu aos pais que ficassem atentos aos comportamentos desse tipo, porque alguns alunos já usam esse argumento para poder agir de maneira infantilizada na escola. Também disse que, após a fala dela no auditório, os pais deveriam acompanhar as professoras da sala dos filhos, que apresentaria o que realizaram no bimestre, quais os trabalhos, como foram avaliados. Comentou que os relatórios seriam entregues na sala e que nesse ano estavam realizando uma modalidade nova para entrega dos relatórios dos professores surdos: eles seriam entregues no pendrive, porque os professores fizeram em Libras. Nesse momento, pude observar o olhar "perdido" de alguns pais, que ficaram em silêncio por uns três minutos enquanto a coordenadora ainda falava sobre o que encontrariam nos relatórios. Quando terminou a fala, uma mãe levantou a mão e perguntou: — E se a gente não entender? Como faremos? Muitos pais que estavam calados, balançaram a cabeça em concordância com a mãe que fez a pergunta, Celina, então, disse que reservaria alguns horários para fazer a tradução do relatório, mas esse horário seria apenas para tradução, não para comentários nem explicações, mas que os pais

> poderiam também pedir auxílio para aos filhos, já que eles conhecem todos os professores e seus sinais. Essa seria, inclusive, uma forma de responsabilizar as crianças e fazer com que elas tomassem ciência do que os professores falam sobre elas.

A subdivisão dos casos anteriores recaía no papel que as línguas assumem no espaço escolar, e pode-se refletir que, nesse ambiente estudado, a Língua de Sinais ocupa o papel principal tanto nas relações quanto nas atividades, porque já está entendido que ela é que vai viabilizar o avanço educativo e os processos cognitivos nos alunos matriculados.

As crianças matriculadas são, em grande maioria, filhas de pais ouvintes, que começam a estabelecer contato com a Língua de Sinais no momento em que os filhos entram na escola. Duas questões ficam muito evidentes nesse episódio. Na primeira, um alerta à infantilização das crianças: a coordenadora chama atenção dos pais ao comportamento dos alunos, que não devem ser tratados de forma diferenciada por conta da deficiência.

> Toda la diferencia reside en que en algunos casos (de ceguera, de sordera) un órgano de percepción (analizador) es sustituido por otro, pero el contenido cualitativo de la reacción sigue siendo el mismo, así como todo el mecanismo de su educación. Dicho de otro modo, la conducta del ciego y el sordomudo, desde el punto de vista psicológico y pedagógico, puede ser equiparada por entero a la normal; la educación del ciego y el sordo no se distingue en nada sustancial de la educación del niño normal (Vygotsky, 2012b, p. 117, grifos nossos).

A escola procura tratá-los de acordo com sua faixa etária, corresponsabilizando-os pelas atitudes dentro da escola. Podemos ilustrar um desses momentos com o episódio em que o professor repreende a aluna por levantar falso testemunho contra os amigos.

As famílias demonstram dificuldade em lidar com essas questões, primeiro por conta da língua e, depois, porque muitas ainda se sentem culpadas por gerar um filho surdo:

> [...] há uma sequência de sentimentos: inadequação, raiva (pela violação de expectativas, pela perda do controle e da liberdade pessoal), culpa (os pais pensam ter feito algo que

causou a surdez), vulnerabilidade (medo pelo reconhecimento de sua vulnerabilidade) e confusão (estágios iniciais de aprendizagem são, geralmente, confusos e ameaçadores). A vivência de tais sentimentos não é algo linear e transitório. Mesmo passados anos da surdez, pais revivem alguns deles (Françozo, 2003, p. 87).

Consequentemente, tentam compensá-los não cobrando limites. Essa ainda é a fala de muitas mães na mesma reunião. Esse ponto também pode ser validado a partir de uma conversa anotada no caderno de campo com a professora do Jardim II.

Professora: Este é um projeto que temos há alguns anos. As crianças vão trazendo moedas e na semana das crianças, saímos para comprar algumas coisas.

Pesquisadora: Que bacana! Eles aprendem a economizar, não é? Nossa o cofre do Kevin está cheio.

Professora: Ah! Esse é um caso à parte, ele fica com a avó, eles não se comunicam muito bem e ele se aproveita disso mesmo pequeno.

Pesquisadora: Como assim?

Professora: Todos os dias ele traz moedas. Já conversei com a avó sobre isso, mas ela diz que se ela não dá ele chora e para evitar ela dá. Tem dias que precisa trocar para ele trazer.

Evitar choros, birras e situações que necessitem de intervenção são evitadas por algumas famílias, mas não pela escola. Existem os castigos e as broncas. Na escola as crianças sabem até onde insistir. A língua medeia esses conflitos.

Para Vygotsky, a palavra, a linguagem[19], é o veículo primordial de mediação. É com a palavra que o homem salienta, marca, destaca aquilo que é relevante num caleidoscópio de estímulos que bombardeiam por todo o lado os seus diversos sistemas sensoriais. Mas a marcação daquilo que é relevante se dá no contexto social (Reily, 2012, p. 19).

A segunda diz respeito às interlocuções realizadas em Libras pelas famílias. Góes, em 2000, já levantava um alerta sobre essa condição:

A criança surda vai interagindo, ao longo da infância, com inúmeras pessoas, em diferentes "esquemas" comunica-

---

[19] Preservada a palavra utilizada pela autora, aqui neste trabalho interpretada como língua.

> tivos. Ela interage necessariamente com ouvintes e, por certo, de modo intenso com a mãe ouvinte. Cruzam-se, pois, as configurações de experiências linguísticas, por estar a criança necessariamente num mundo de língua oral e de aproximar-se — mais cedo ou mais tarde, conforme o caso — das possibilidades de interação com surdos que dialogam efetivamente na Língua de Sinais (Góes, 2000, p. 40-41).

Nesse caso, especificamente a grande maioria das crianças entram em contato com a Libras e interagem com outros surdos precocemente, muitas antes mesmo do Jardim I. Se na escola isso é garantido, o episódio mostra que em casa isso não está assegurado. Quando a mãe sinaliza a possibilidade de incompreensão do relatório, está posto que as interlocuções no ambiente doméstico não são tão fluentes. No livro de Bernardino (2000), ela sinaliza a insatisfação dos surdos diante dessa barreira comunicacional com a família: "Vários surdos disseram que se sentem isolados em casa, que preferem estar na escola, porque lá têm amigos com os quais podem conversar".

Por isso, a escola, na figura da coordenadora, divide a responsabilidade com a família por meio do relatório que apresenta dupla finalidade que é envolver e responsabilizar as crianças pelo seu processo de aprendizagem e fazer circular em casa a Língua de Sinais.

Episódio 16 – Festa Junina

A festa junina acontece em conjunto com a escola de ouvintes. Há muita gente, mas os pais das crianças surdas ficam mais entre eles. Há muitas brincadeiras e comidas.

Diálogo de uma família de criança ouvinte.

A: É tão bonito as danças. Ano passado os mudos dançaram juntos.

B: mudos?

A: É, tem uma escola só para eles, acho que esse ano nem vai ter porque era na educação infantil, né?

B: nossa! E como eles fazem?

A: tem uma professora que fica na frente deles e eles copiam, nem parece que são mudos. a gente não percebe.

B: como você sabe?

A: Ah! A professora falou quando acabou a dança, eles são muitos bonitinhos.

Durante dois meses, as crianças se prepararam para a festa junina. Muitos ensaios foram realizados na quadra do Colégio e na da escola. As crianças ouvintes e surdas ensaiaram juntas.

Todo o empoderamento dos estudantes surdos no espaço fica restrito e limitado a ele. Muitas famílias de crianças ouvintes desconhecem o trabalho da escola, ainda que as agendas dos filhos contenham algumas páginas sobre os surdos, Libras e alguns sinais.

Esse diálogo reportado no episódio denuncia uma série de equívocos conceituais cometidos, tais como: chamar os surdos de mudos e/ou imputar características como muito bonitinhos para classificar a diferença sem parecer pejorativo.

Como Nogueira (2012) inicia sua discussão, a visão patológica sobre a surdez acaba se materializando em certas denominações: deficiente auditivo, portador de necessidades especiais, entre outras nomenclaturas, mudo ou surdo-mudo[20], que expressam a não garantia ao direito à identidade bilíngue e cultura surda.

Ademais, o discurso destaca uma diferença que não existe. A fala "Tem uma professora que fica na frente deles e eles copiam" não leva em consideração que todas as professoras dançam em frente aos alunos, independentemente do ano escolar ou do fato de a criança ser surda ou ouvinte. O que podemos levantar nesse contexto é a presença ausente da escola de surdos no espaço Rio Branco.

3. Pertencimento analisando o significado do espaço que a escola exerce na vida dos alunos surdos

Os alunos exploram muito bem o espaço escolar em que se encontram. Todos sabem quais são suas salas de aula, respeitam os espaços comuns.

Episódio 17 – No auditório Jogo da imitação

Alberto, professor surdo, explica que vão realizar as atividades no teatro e todos saem a caminho do local. Lá chegando, ocupam o palco e eu me sento em uma das fileiras da plateia para observar. Todas as interações são realizadas em Libras. Os estudantes devem fazer imitações de acordo com as ordens do professor, que são: Fogo (Precisam pensar como representam corporalmente o fogo; alguns alunos pulam, outros se contorcem, outros fazem o sinal do fogo com as mãos e vão se sacudindo junto). Água (alguns

---

[20] Acrescentado por nós relacionando a fala da autora com a fala recortada do episódio.

> deitam, outros se sentam; outros, deitados, vão imitando ondas). Gira o pé, rola, em pé, monstro, bêbado, mulher de leque, mulher de salto, velho de bengala, pular, crianças, pula corda. Bola (várias representações de esportes). Dançar balé, futebol, presos, rezar, gordo, magro. Cada uma dessas orientações é em Libras, e os alunos podem e devem explorar o espaço do palco. O professor também faz os movimentos, mas o interessante são as diversas leituras: os estudantes não copiam todos os movimentos do Alberto, mas tentam criar os próprios.

Episódio 18 – Na quadra

> Situação 1 – O 4º ano saiu para a aula de Educação Física. Para sair, é preciso passar por uma portaria que normalmente fica trancada. A professora vai na frente e os alunos vão seguindo; depois que passam pela porta, já vão mais autônomos, alguns ficam com a professora e outros entre si, até chegarem à quadra. Esta é uma aula de handebol adaptado. As regras foram passadas em Libras para os alunos estavam sentados na quadra diante da professora. Ela montou os times e eles começaram a jogar.
>
> Situação 2 – As crianças do Jardim II utilizam a quadra para brincar com os velocípedes depois, a professora abre o portão e elas brincam nos arredores da escola até o pátio do Centro Profissionalizante; alguns alunos do Centro cochicham sobre as crianças.

Figura 21 – Alunos brincando de velocípede na quadra

Fonte: arquivo pessoal

Na quadra do Rio Branco

Situação 1 – Ensaio para a festa junina na quadra do colégio com os ouvintes. O ensaio foi um pouco conturbado porque o som estava quebrado, só havia para o microfone, mas não para o CD. Para os surdos tudo ok, mas os professores dos ouvintes estavam preocupados com a situação. Como estava demorando para começar, algumas crianças ouvintes ficaram querendo saber como fazer sinais, umas quatro ou cinco meninas nem conseguiram prestar atenção direito ao professor que, sem o CD, tentava iniciar o ensaio falando ao microfone. Elas saíram da formação e foram até professora de Educação Física perguntar como faziam para saber o nome das meninas. Elas só foram para a fila depois de saber o nome de todas as cinco meninas. As meninas surdas foram fazendo a datilologia e a professora ia dizendo os nomes.

Situação 2 – Na fila em que os meninos aguardavam para ensaiar, houve estranhamento entre surdos e ouvintes. A professora do 3º ano dos ouvintes, que estava próxima, saiu, foi até Yasmin (auxiliar de classe que é surda) e começou a dizer: Eles estão falando, mas eu não entendo, acho que estão brigando. Yasmin olhou para ela e depois para mim, pedindo ajuda para entender o que estava acontecendo. Eu disse à professora: Ela também é surda. Yasmin se levantou e foi ver o que estava acontecendo com os meninos; antes, olhou para a professora, deu um sorriso e seguiu para a fila; a professora olhou para mim e, sem graça, disse: "Eu não sabia".

Episódio 20 – Jogo simbólico

No espaço da brincadeira, as crianças exploraram várias possibilidades. A professora vai estimulando a imaginação e a criatividade dos alunos, usando Libras como língua para interação. Duas crianças (Leon e Breno) escolheram uma fazendinha, montaram um pouco, brincaram com as vaquinhas, cada um pegou uma vaquinha e a fez andar pela fazenda, mas um dos meninos pegou e levantou a vaquinha no ar; começou a fazê-la de "avião", outro o imitou e eles foram passeando pela sala, fazendo a vaca — que passou a ser um "avião" — voar sobre as cabeças dos colegas. Brincando e utilizando o espaço da sala, eles mostraram à professora, que sorriu e providenciou uma pista de pouso com o restante do material da cerca da fazendinha. Então, os meninos começaram a brincar "traçando uma rota", fazendo o "avião" subir da pista e, depois, pousar na mesma pista.

Episódio 21 – No parque do Colégio

> Uma vez por semana os alunos da Educação Infantil se dirigem ao parque que fica em outro espaço da propriedade. Para isso, precisam sair dos arredores da escola e ir até o prédio da Educação Infantil.
>
> Chegando ao parque, as crianças ficam todas muito empolgadas para brincar; havia um grupo de crianças pequenas também brincando. Assim que as crianças surdas foram chegando, as professoras das outras crianças pediram para que elas saíssem. Perguntei a uma das professoras porque isso ocorria, e ela me respondeu que houve uma mudança no horário: antes eles brincavam juntos, mas depois dessa mudança eles só se encontravam assim.

Episódio 22 – Aula de Artes

> A interação é exclusiva em Libras, e os alunos não precisam ler nem escrever nada. A professora pede a eles que ocupem os banquinhos em volta da mesa e que aguardem as orientações. Ela orienta um a um, já que estão fazendo adereços para compor o cenário para a Festa Junina. Nesse dia, os alunos estavam trabalhando com tinta, muito à vontade. Leia pintou as tampinhas e depois pintou as mãos com a mesma tinta branca que estava usando nas tampinhas. Eles gostam também de brincar com água. Mesmo com o tempo frio, lavaram os pincéis, as mãos e os braços, que estavam cheios de tinta. Ainda que com limitações, todos os alunos fazem as atividades. Valter, que tem sequelas motoras por conta da encefalopatia crônica não progressiva da infância, fez uma imensa bagunça com a tinta, mas pintou seus dois rolos de papelão, bem como mesa, mãos, braços, blusas mesmo usando as camisetas próprias para a pintura[21], chão e até o cabelo.

Esta seção tem por objetivo pensar na apropriação que as crianças surdas fazem do espaço educativo. Já pudemos ver que todas as situações interativas pelas quais passam são permeadas e mediadas pela L1, e, por mais que outras pessoas não consigam enxergar a escola dos surdos, eles ocupam os espaços compartilhados.

---

[21] Eles têm camisetas maiores trazidas no início do ano para esse tipo de atividade e sempre vestem as camisetas antes de iniciar os trabalhos com tinta.

No episódio 17, quando os alunos e o professor se dirigem ao auditório (esse espaço faz parte do Colégio e, lá, acontecem reuniões e espetáculos, mas é praticamente mais uma sala de aula, as atividades da oficina oferecida pelo professor Alberto são quase sempre lá. Usam o palco e realizam os exercícios. Caminham com muita autonomia até o local e nunca andam em fila porque, se fizerem assim, não podem conversar.

Durante a atividade, os estudantes (4º e 5º ano), mais amadurecidos e com fluência em Libras, vão demonstrando ao professor como entendem o que é solicitado. Eles utilizam a língua para externar o que entendem a cada orientação dada.

Analisando especificamente o trecho "Cada uma dessas orientações é feita em Libras, e os alunos podem e devem explorar o espaço do palco. O professor também faz os movimentos, mas o interessante são as diversas leituras: eles não copiam todos os movimentos do Alberto, mas tentam criar os próprios", mais uma vez a criatividade está presente.

> Com o desenvolvimento da linguagem e dos processos imaginativos, os sujeitos aprendem a gradualmente subordinar o campo perceptual imediato ao campo das ideias, dos acontecimentos imaginados, o que propicia as bases para formas superiores de comportamento e de pensamento (Pinto, 2010, p. 97).

No episódio 18, outro espaço é apresentado. De acordo com a professora de Educação Física, em alguns momentos também utilizado pelas crianças da Educação infantil do Colégio. Ele é geralmente o espaço onde as atividades de Educação Física acontecem. Para chegarem até a quadra, precisam passar pela entrada principal. Isso sempre ocorre na companhia da professora; assim que passam pelo obstáculo/porta, seguem livres até a quadra.

Na situação 1, acontece uma aula regular de Educação Física; a ocupação do espaço da quadra ocorre de acordo com o planejamento da professora e o objetivo e as regras apresentadas em Libras.

A situação 2 apresenta uma aula com um objetivo mais lúdico. Os alunos iniciam no espaço mais restrito e depois podem utilizar um mais amplo, onde entram em contato com pessoas de fora da escola — nesse caso, alunos do Centro Profissionalizante. Quando as crianças aparecem nesse espaço, algumas coisas ocorrem. Um grupo de alunos comenta:

Sujeito 1: Essas crianças são engraçadas.

Sujeito 2: Ah! Tão bonitinhas...

Sujeito 3: Olha lá os mudinhos, só na diversão.

Sujeito 4: Sorri. (ação)

Mais uma vez, percebemos como as pessoas que pertencem ao espaço maior desconhecem a realidade bilíngue da escola e das crianças. Fora das catracas, essa escola é considerada uma referência em termos de educação de surdos, mas das catracas para dentro esse reconhecimento ainda exige um trabalho efetivo junto aos demais grupos que ocupam os diferentes espaços dessa instituição.

O episódio 19 corrobora a afirmação acima, pois mostra, na situação 2, que nem mesmo os professores do Fundamental I do colégio reconhecem os professores surdos da instituição, tanto que ela fica envergonhada ao perceber que cometera uma gafe e, se não houvesse alguém para fazer a interpretação, não saberia conversar. Constata-se uma sensação de impotência diante da barreira linguística.

A escola trabalha desde a Educação Infantil ao 5º ano. Apenas os professores do Fundamental II conseguem entender melhor e conversar um pouco com os surdos, mas as crianças (conforme situação 1) são muito curiosas e têm vontade de interagir, ainda que a língua se mostre uma barreira.

"Elas só foram para a fila depois de saber o nome de todas as 5 meninas. As meninas surdas foram fazendo a datilologia e a professora ia dizendo os nomes."

A situação 2 do episódio 19 é muito parecida com a situação 2 do episódio 18, porque os ouvintes envolvidos estão do lado de dentro da catraca, frequentando diariamente o mesmo terreno, onde a escola funciona, e agem de acordo com o senso comum, utilizando expressões como: bonitinhos, estranhos, não entendo nada do que falam.

A visão patológica sobre a surdez ainda influencia as práticas escolares e se materializa nas formas de concepção da pessoa surda em suas denominações: deficiente auditivo, portador de necessidades especiais, entre outras nomenclaturas que não garantem seu direito à identidade cultural bilíngue. Neste contexto sobre a surdez, esta é reconhecida pela falta de audição e, no discurso da diversidade ainda etnocêntrico, é a pessoa normal que apenas não ouve, uma vez que – em

> suas práticas – a organização dos programas de ensino, principalmente o de língua, tem como referência o padrão ouvinte. De acordo com a política da educação inclusiva, a libras apresenta função linguística reduzida no discurso da superação de barreira comunicativa, ignorando que sob a expressão que apenas não ouve há muito a ser reconhecido: o valor linguístico e cultural de uma comunidade (Nogueira, 2012, p. 241, grifos do autor).

O episódio 20 descreve um momento do Jardim I em que essas crianças estão iniciando suas experiências com a língua, e o momento da brincadeira é quando as crianças ficam livres e passam a dar sentido ao que pensam, imaginam e criam. Quando a professora faz a intervenção, entrando na brincadeira e significando-a, as crianças utilizam a porção imaginativa, que auxilia na constituição do que serão.

> [...] compreender a atividade imaginativa participando da formação de conceitos apoiando-se em Bakhtin e Vygotsky revela características da linguagem como fenômeno criativo e social, constitutivo do pensamento e do conhecimento, numa visão dinâmica da língua como produto da capacidade combinadora e criadora humana nos termos de Vygotsky (Pinto, 2010, p. 60).

De acordo com as formulações de Bakhtin, o significado não é algo transparente nem óbvio, e não está determinado: ele é parte de um processo que dá origem às enunciações. Como Silva (2002) apresenta, a brincadeira é a maneira de a criança se colocar diante dessa construção simbólica.

> A criança também compreende os significados de sua ação e negocia, diretamente ou não, com pares. O jogo de faz-de-conta apresenta uma variedade de comportamentos, "modos de significação" do sujeito e o brincar é, então, constituído pelos signos. Cada palavra fundamenta o desenvolvimento do jogo, subvertendo o campo das coisas ao campo das ideias (Silva, 2002, p. 62).

Essa ação só foi possível no exemplo apresentado porque a professora utilizou uma língua de conforto para as crianças, ainda que na fase inicial do processo e por meio de contexto. Ela compreendeu o que eles estavam enunciando e aproveitou o momento para participar, além de proporcionar a continuidade da brincadeira e mecanismos para produção de enunciado.

O brinquedo, em princípio uma vaca, deixa de ser a figura literal e passa a ser o "avião", signo escolhido em parceria pelos meninos para dar asas ao processo imaginativo.

A intervenção da professora foi decisiva nessa composição, e permitir aos estudantes o uso do jogo simbólico contribui para a aquisição da língua e a torna mola propulsora dos processos cognitivos. A mediação aconteceu pela língua.

O episódio 21, assim como os outros dessa seção, mostra que, independentemente de as outras pessoas entenderem ou considerarem a presença dos surdos no espaço, as crianças os ocupam e vão dando sentido construindo conhecimentos e repertórios.

> O tema da enunciação está composto por todos os elementos linguísticos, verbais ou não-verbais, que se apresentam durante a atividade dialógica. O tema é constituído pelo dito e não dito, no local de sua produção e em seu momento histórico. Arriscando uma transposição desse conceito para o âmbito do brincar, pode-se dizer que o tema emergente é aquele construído pelos protagonistas em seu contexto de apresentação e envolve aspectos negociados entre os pares. Assim, o brincar não deve ser apenas compreendido pelo material verbal, mas também pela consideração das variadas formas de produção de significados que, indicados no momento da brincadeira, definirão sua singularidade e impossibilidade de repetição (Silva, 2002, p. 63).

O episódio 22 expressa como os alunos sabem se apropriar dos espaços que lhes são oferecidos. As aulas no ambiente específico, assim como ocorre na Educação Física, levam os alunos a se movimentar, e eles o fazem com muita tranquilidade.

4. Mono ou Bi – Espaço das línguas nas atividades ponderando como são realizadas as atividades na L2 – leitura e escrita e qual a influência da L1 nesse processo.

O diário

Essa é outra atividade permanente da escola e abarca praticamente todos os anos escolares. Seu objetivo vai mudando um pouco de acordo com o ano escolar, mas o propósito básico é a escrita da Língua Portuguesa; no entanto, para que os alunos consigam expressar as tarefas que realizam, iniciam narrando em Língua de Sinais.

Até o 2º ano, narram em Libras o que escrevem e se apoiam nos desenhos que produzem. A partir do 3º ano, trata-se de uma atividade de escrita corrigida pela professora e tratada de forma mais individualizada.

O Jardim I não faz essa atividade. Ela se inicia a partir do Jardim II.

Jardim II

O registro do Jardim II é feito em uma folha que a professora distribui, e os estudantes precisam levá-la para casa aos finais de semana e desenhar o que fizeram; na segunda-feira, mostram os desenhos contando para os amigos o que fizeram. Na sala de aula, a professora se transforma em escriba e passa a fala da Língua de Sinais para a Língua Portuguesa, mas só faz isso depois que todos relatam o que fizeram.

Episódio 23 – Diário do Jardim II

> A aluna diz "A BÁRBARA BRINCOU PAPAI, A BÁRBARA FOI CASA VOVÓ (a aluna fala e faz sinais). Todos olham para ela; a professora, então, repete em Libras A BÁRBARA (faz o sinal dela) BRINCAR PAPAI, A BÁRBARA IR CASA VOVÓ. LEGAL! Ela pergunta: NICOLE (sinal da menina) IR TAM-BÉM? (São irmãs gêmeas na mesma sala) ela responde: SIM A NICOLE SIM JUNTO COM A BÁRBARA.

Depois dos relatos, a professora fotografa os alunos fazendo os sinais para compor as frases; num outro momento, sinaliza nas frases.

Nesse momento, a atividade do diário tem por objetivo mostrar como as narrativas realizadas pelos alunos podem ser transformadas em texto escrito, com a professora como escriba. Ao fotografar, a professora pede aos alunos que façam os sinais das palavras; então, a estrutura apresentada fica em Língua Portuguesa, e as sequências das fotografias não correspondem à sequência na Libras. Esse tipo de atividade se aproxima de alguns exercícios que se apresentam para alunos surdos em outros espaços pedagógicos e que tratam a língua como palavras soltas, ou seja, apenas como um conjunto de regras, como no exemplo a seguir (Figura 55):

Figura 22 – Parlenda com desenho de sinais da Libras

Fonte: HONORA, Márcia. Inclusão educacional de alunos com surdez: concepção e alfabetização. São Paulo: Cortez, 2014

A Libras é tratada como sinal, e a ideia de Bilinguismo, aqui, reduz-se a estruturas que podem ser sobrepostas. Além disso, não respeita os aspectos culturais dos surdos porque baseia a atividade em uma parlenda pautada no jogo de rima que apresenta.

A orientação da atividade é:

> Nesta atividade, o texto é lido e posteriormente interpretado para o aluno com Surdez, mostrando a associação dos sinais e das palavras do texto. Esta atividade pode ser retomada durante toda a semana de maneiras diferentes, apenas apresentando a parte escrita e solicitando que o aluno com Surdez possa fazer as aplicações dos sinais correspondentes. Podem ser apresentados os sinais do texto e solicitado que o aluno com Surdez possa escrever o texto. A partir da exploração do texto será apresentado o alfabeto manual (em Libras) para o aluno, em associação ao alfabeto usado na Língua Portuguesa (Honora, 2014, p. 129).

Problematizando o trecho acima, destacamos a expressão aluno com Surdez, que demonstra que o foco ainda reside na deficiência. Essa é uma linguagem típica da área médica. Novamente a surdez se sobrepõe ao sujeito. Numa visão que valoriza a cultura e identidade surda, como é possível perceber no recorte apresentado "aula de libras", a expressão "surdo" não carrega um tom pejorativo, mas identitário, porque incorpora o sujeito e não o "defeito".

Além de tudo, a parlenda não está em Língua de Sinais. Para traduzir o texto para Libras, o jogo de rimas não apareceria. O texto pareceria um tanto sem sentido ao propósito de responder o questionamento sobre a letra do nome do suposto namorado. SUCO GELADO, CABELO ARREPIADO, QUAL A LETRA DO SEU NAMORADO.

Esse tipo de atividade não colabora para a formação de um sujeito autônomo, mas, apenas sob o pretexto de trabalhar a Língua de Sinais, prioriza o acúmulo de sinais soltos.

Essa prática pode e tem causado grandes prejuízos na educação das pessoas surdas e na formação de professores, intérpretes e/ou interlocutores ouvintes.

O texto em que a autora propõe a atividade também subentende que é possível realizar uma sobreposição entre as línguas fazendo a correspondência entre palavra e sinal, além do uso de parlendas e músicas de memória, que fazem parte do universo ouvinte e que, para uma criança surda em fase de alfabetização, não fazem sentido.

Na atividade apresentada no episódio 23, os estudantes adquirem o vocabulário e fazem a correspondência dos sinais com as palavras em

Língua Portuguesa. Considera-se pertinente que a professora diga aos estudantes que a língua que eles usam para se expressar visualmente é diferente da língua que usam para escrever, porque a Libras é utilizada de forma fluente pela maioria dos estudantes da sala, e o ambiente escolar pesquisado valoriza e compreende as necessidades da comunidade surda.

> Considerando que a língua de sinais preenche as mesmas funções que as línguas orais desempenham para os ouvintes, é ela que vai propiciar aos surdos a constituição de conhecimento de mundo e de língua que vai ser usada na escrita, tornando possível a eles entender o significado do que leem, deixando de ser meros decodificadores da escrita (Pereira, 2005, p. 27).

1º ano

Assim como no Jardim II, os alunos do 1º ano fazem a atividade em caderno de cartografia e o levam para casa na sexta-feira para fazer o registro no final de semana.

Episódio 24 – Diário no 1º ano

Esse registro passou por algumas modificações ao longo do ano. No início, era apenas um desenho com algumas palavras, ou somente o desenho; depois, os alunos precisavam tentar escrever algumas frases. Observe as duas fases com a explicação da professora e algumas atividades realizadas pelos alunos:

Figura 23 – Instrução para a realização do relato do fim de semana do 1º ano

> Boa tarde!
>
> Hoje as crianças estão levando para casa a primeira lição de casa do ano. Peço que as auxiliem, mas não façam por elas. A atividade é muito simples, porém é muito importante que vocês incentivem e valorizem as produções das crianças. A lição é para ser devolvida na segunda-feira, sempre feita com limpeza e capricho. Cobrem sempre limpeza e capricho das crianças, assim elas sempre vão se esforçar para realizar um trabalho cada vez melhor.
>
> A atividade é a seguinte:
>
> DESENHE O QUE VOCÊ MAIS GOSTOU DE SEU FIM DE SEMANA.
>
> Ajudem a criança lembrar-se de todas as coisas que fez durante o fim de semana, escolham juntos uma atividade e peça para a criança desenhar, sempre com bastante capricho e colorido.

Fonte: arquivo pessoal da autora

Figura 24 – Atividade realizada por aluno do 1º ano – relato do final de semana

Nota: ATIVIDADE REALIZADA
Professora pergunta: VOCÊ FAZER O QUE?
Aluna: EU ANIVERSÁRIO FELIZ
Fonte: arquivo pessoal da autora

Figura 25 – Nova instrução para a realização do relato de final de semana – 1º ano

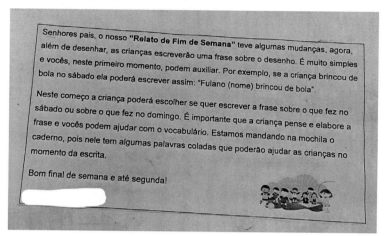

Fonte: arquivo pessoal da autora

> Atividade realizada
> Professora: VOCÊ FAZER O QUÊ?
> Aluna: SÁBADO IR CASA TIO (faz o sinal do tio) DOMINGO PASSEAR CARRO.
> Na imagem a criança escreve nomes (Sábado – Claudio e o próprio nome e Domingo – Antonio – Fusca e mais uma vez o próprio nome)

Figura 26 – Atividade realizada por estudante do 1º ano – Relato do final de semana

Fonte: arquivo pessoal da autora

> Aos poucos, nas situações de interação e interlocução, os trabalhos de leitura e escritura vão se constituindo e as crianças vão encontrando, no jogo das palavras e da escrita pontuada, a possibilidade da "corporeidade simbolizada" (muito além da "fala desenhada" mencionada por Vygotsky): a raiva, a alegria, o grito pode ser escrito! (Smolka, 2012, p. 152).

Embora a autora esteja falando de crianças ouvintes, podemos dizer que as crianças surdas passam por processo semelhante se desde o princípio as crianças forem expostas às línguas como estamos descrevendo neste trabalho — até o momento L1 (Libras) e L2 (Língua Portuguesa).

O momento do diário é um primeiro movimento de sistematização da L2.

É possível constatar na Figura 57 como essa sistematização acontece. Existem três figuras humanas e um bolo com vela. A aluna ao significar o desenho expressa em Libras que se trata de uma festa de aniversário. Nos dizeres de Reily (2012), amparada em Vygotsky, vai dizer que a imagem sempre representará algo simbólico, nunca uma coisa sem sentido.

A atividade do diário no 1º ano passou por modificações, como pode ser visualizado por meio do episódio. Primeiro, o registro era em forma de desenho e escrito pela professora como no Jardim II; mas sem o recurso da fotografia. Depois, a professora começa a cobrar alguma escrita dos estudantes além do desenho. "[...] a escola é o lugar da produção social de signos e é por meio da linguagem que se delineia a possibilidade da construção de ambientes educacionais com espaço para a crianças, descoberta e apropriação da ciência produzida na história humana" (Freitas, 1994, p. 93-94).

Nesses dois estágios educacionais, o que importa para os professores é a narrativa dos estudantes: como eles contam o que aconteceu, a marcação de tempo e de espaço, a utilização da Libras com o início das atividades escritas, assim como acontece com crianças ouvintes — significação dos desenhos em uma palavra e, depois, substantivos, até chegar numa escrita mais próxima da estrutura da L2.

> As hipóteses elaboradas visualmente serão testadas à medida que as crianças surdas tenham acesso as atividades que envolvam a escrita. Primeiramente, elas devem aprender que aquilo que é expresso na língua de sinais pode sê-lo na Língua Portuguesa escrita. Para isto, o professor deve

> introduzir recursos didáticos, como escrever em Língua Portuguesa aquilo que as crianças surdas expressam na Língua Brasileira de Sinais. Nestas situações, o professor deve mostrar às crianças que se trata de duas línguas e, assim que as crianças demonstrarem interesse, deve começar a apontar diferenças de funcionamento da Língua Portuguesa, baseando-se no conhecimento que as crianças já têm da língua de sinais (São Paulo, 2008, p. 22).

2º ano

Nesse ano também se solicita o relato do final de semana, porém desses estudantes se exige uma organização em frases para o texto.

> [...] viabilizar recursos de ensino/aprendizagem que priorizem memória e pensamento especificamente visuais atende diretamente ao espaço lógico, natural ao indivíduo surdo, segundo os estudiosos. Ademais, estes últimos reforçam os estudos que viabilizam uma possibilidade de podermos ignorar uma suposta barreira para o domínio da língua de modalidade oral-auditiva (Fernandes, 2003, p. 48).

Episódio 25 – Diário do 2º ano

A professora pegou os diários e se sentou na frente da sala; colocou uma cadeira ao lado da cadeira dela e foi chamando os donos dos diários para explicar o que haviam desenhado e escrito sobre o final de semana. Um a um, os alunos se sentaram na cadeira, foram olhando para os desenhos e contando o final de semana. Em Língua de Sinais, os relatos são bem ricos, eles se guiam pelos desenhos. Um dos alunos senta na cadeira; a professora segura o caderno aberto na página do desenho e ele explica:

Aluno: EU BICICLETA ANDAR ANDAR

Professora: ONDE?

Aluno: Olha o desenho e responde: CASA FORA RUA.

A escrita do aluno = (NOME DELE) Andou de bicicleta sol.

Figura 27 – Desenho e escrita de relato do final de semana realizado por aluno do 2º ano

Fonte: arquivo pessoal

> Outro aluno se senta, e o procedimento é o mesmo. A professora segura o caderno aberto na página do desenho e pergunta:
>
> Professora: EXPLICA AMIGOS FAZER O QUÊ? EXPLICA
>
> Aluno: Bem retraído, olha para o caderno e para os colegas a sua frente e diz: EU SHOPPING COMER ARROZ, FEIJÃO, CARNE. (para e pergunta para a professora o que está escrito, aponta a palavra) Ela devolve a pergunta: NÃO LEMBRAR? Ele olha novamente para a folha e diz: COXINHA; ela aponta onde está escrito coxinha e responde: AQUI FRANGO, e ele continua: MACARRÃO, CENOURA, BATATA.
>
> Professora: COMER, COMER, COMER (expressão de quantidade)
>
> Aluno: Sorri e volta para o lugar.
>
> A escrita do aluno = O (NOME DO ALUNO) foi passear shopping comer arroz feijão carne frango alface tomate macarrão batata coxinha cenoura

Figura 28 – Desenho e escrita de relato de final de semana realizado por aluno do 2º ano

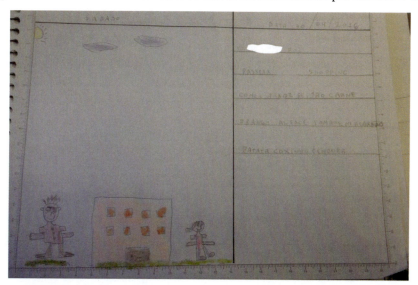

Fonte: arquivo pessoal da autora

Os alunos do 2º ano precisam escrever frases. Pelo que podemos perceber nas escritas, eles vão utilizando o vocabulário que conhecem e tentando dar sentido às ações apresentadas nos desenhos. Nota-se que alguns alunos não conseguem dar sentido a todas as palavras que escrevem, ainda se amparam nos desenhos.

Alguns desenhos trazem explícito na imagem exatamente o que está escrito. É claro que guiam os alunos no que querem representar, mas, como fazem a atividade em casa, as famílias auxiliam a construir a frase. A Figura 28 é um exemplo disso. No desenho, aparecem duas imagens representativas de figuras humanas e um prédio no meio das duas.

A intenção do aluno foi dizer o que comeu no seu passeio ao shopping, e a estrutura já se aproxima daquela da Língua Portuguesa, porém não há pontuação nem flexão verbal.

Esse é um exercício realizado em casa, com auxílio dos familiares, e exige que ele associe sinal e significado para então associar sinal e palavra.

As figuras apresentam detalhes, e nessa fase percebe-se o quanto se expressam com propriedade em Língua de Sinais. A escrita é marcada pela L1, não aparecem os conectivos específicos da Língua Portuguesa; no entanto, mesmo com os alunos mais tímidos, a narração ocorre.

3º ano e 4º ano

Episódio 26 – Diário do 3º e 4º ano

No 3º ano, o diário deixa de ser feito no caderno de cartografia e passa para um caderno brochura com linhas. Em vez de relato do final de semana, os alunos precisam realizar relatos três vezes por semana (segundas, quartas e sextas-feiras).

Os estudantes do 4º ano devem preencher o diário três vezes por semana (terças, quintas-feiras e aos finais de semana). Eles já demonstram um pouco mais de familiaridade com a atividade, e existe um combinado para a correção. A professora lê e, em um dos dias, faz perguntas relacionadas ao que o aluno escreveu; no outro dia, faz correções ortográficas e de Língua Portuguesa mais pontualmente.

Instrução para a realização do diário do 4º ano

Escrita:

Você, querido aluno, precisa escrever no diário às terças, quintas e aos finais de semana. Escreva algo importante que tenha acontecido no seu dia. Além de escrever, você pode desenhar ou colocar algo deixando seu diário bem bonito!

A sua família pode acompanhar seu trabalho te ajudando a ler o que as professores escrevem e conferindo se você escreveu no diário, e talvez te ajudando com alguma palavra que você não tenha como encontrar. É importante ela te deixar fazer o registro no diário com autonomia.

Eu ficarei feliz em ler o que você escreve. Às vezes, corrigirei erros, mas o mais importante é que o diário seja uma forma de conversarmos!

Figura 29 – Atividade de diário aluno do 4º ano

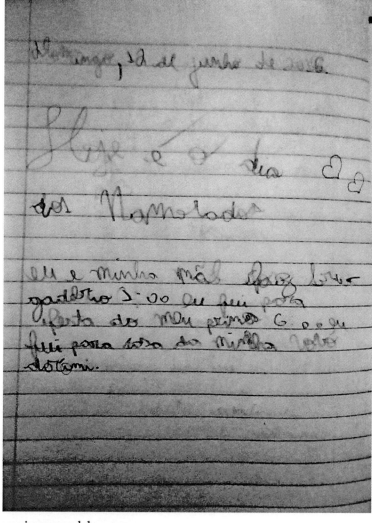

Fonte: arquivo pessoal da autora

Escrita: Hoje é o dia dos Namorados eu e minha mãe faz brigaderio 1:00 eu fui para festa do meu primo 6:00 eu fui para casa da minha vovó dorimi.

Figura 30 – Atividade de diário aluno do 4º ano

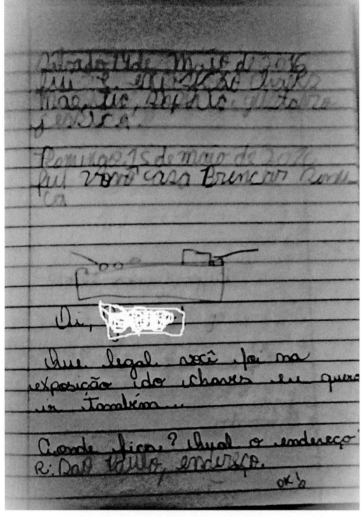

Fonte: arquivo pessoal da autora

> Escrita:
> Sábado 14 de maio de 2016
> fui ve exposição chaves mãe, tia, sophia, gustavo, jéssica.
> Domingo, 15 de maio de 2016
> fui vovô casa brincar sinuca (o aluno desenha uma mesa de sinuca)

O 3º e o 4º ano se desobrigam de contar apenas o que aconteceu no final de semana; o diário tem como objetivo o relato escrito do dia. Essas escritas passam a ter um interlocutor mais direto com finalidades específicas. A professora e a auxiliar de classe realizam a leitura e, dependendo das produções, fazem correções estruturais e de vocabulário. Em outros momentos, questionam as escritas.

Nesse estágio, a produção escrita é acompanhada mais de perto e de forma individualizada por meio do diário; as professoras podem entender em qual nível de escrita o estudante se encontra. Como as questões são realizadas em português escrito, eles precisam ler e, muitas vezes, fazem essa atividade na própria escola no contraturno.

> [...] o aluno surdo desenvolve um sistema linguístico de transição entre libras e português, linguisticamente denominado interlíngua. Essa língua de transição apresenta um conceito restrito ao indivíduo... O conceito de interlíngua, como grupo de alunos, portanto, possibilita ao professor a consciência do processo de aprendizagem da segunda língua, "pois pode apontar os processos de aprendizagem dos alunos, os níveis linguísticos que apresentam áreas mais problemáticas, aspectos que ainda faltam ser estudados etc. (Nogueira, 2012, p. 246-247).

5º ano

O 5º ano faz um diário propriamente dito: os estudantes devem relatar o que fazem todos os dias, e a correção ocorre nos mesmos moldes que no 4º ano. A atividade é muitas vezes realizada na própria escola, no contraturno que eles frequentam às segundas, quartas e sextas-feiras.

Episódio 25 – Diário do 5º ano

A professora chama Jaime para falar sobre o diário dele. É que ele está interessado em inglês, mas não há essa disciplina na escola. Ele tem feito com o amigo Plínio algumas pesquisas de palavras em inglês, e entregou o diário:

Ela diz:

LEGAL, INGLÊS, MAS DIÁRIO É PORTUGUÊS, EU NÃO SABER INGLÊS, COMO CORRIGIR?

Aluno: FÁCIL, SÓ COMPUTADOR GOOGLE, TEM LÁ COLOCA PALAVRA INGLÊS E VÊ PORTUGUÊS, FÁCIL.

Professora: MAS DIÁRIO PRECISA PORTUGUÊS, OK

Figura 31 – Escrita do diário do aluno Jaime – 5º ano

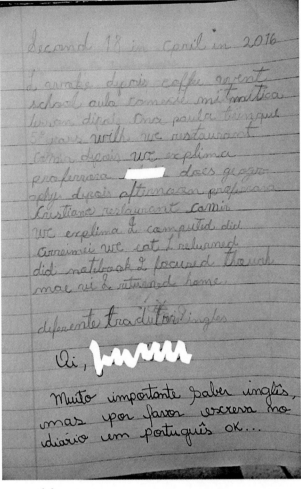

Fonte: arquivo pessoal da autora

> Escrita:
>
> Second, 18 in April in 2016
>
> I woke depois coffe went school aula comecie mitmitica lesson dipois Ana Paulo brinque 5º years whith we restaurant comir depois we explima professora (nome da professora do 5º ano) does geogr-aphy depois afternoon professora (nome do professor surdo do projeto) restaurant comir we explima computed did arreimei we eat returned did notebook 2 focused thouch mae vi 2 returned home. Diferente tradutor ingles

Esse é um exemplo que nos mostra como o aluno entende língua. Quando ele faz a atividade e troca as palavras da Língua Portuguesa por palavras em inglês, ele não compreende que as estruturas linguísticas são diferentes, ainda que tenha frequentado a escola desde a Educação Infantil. Isso começa a nos inquietar e pensar sobre qual conceito de Bilinguismo falamos.

Bakhtin (2009) discute que se tratarmos a língua fora dos contextos sociais que a tornam viva, ela acaba por perder sua mobilidade e potencialidade de sentidos, por isso pode-se apontar aqui que o ensino da Língua Portuguesa, embora amparados no diário que relata as atividades diária dos estudantes, vai se transformando em tarefa e perdendo o significado. Jaime procura de um modo interessante trazer a vida de volta à atividade quando implementa palavras em inglês, demonstrando onde reside seu interesse.

Assim como ele faz quando transcreve o que pensa em Libras utilizando palavras em português, realiza o mesmo processo para experienciar a língua estrangeira, que começará a fazer parte de seu universo escolar a partir do 6º ano.

Se fizermos uma leitura do que o estudante escreve no diário, é possível dizer que, embora ainda procure vocabularizar as experiências, ele consegue fazer um relato mais detalhado do que acontece no seu dia; quer dizer, cumpre a função que o diário tem como atividade permanente.

> Geraldi (1993)[22] considera a produção de textos (orais e escritos) como ponto de partida (e de chegada) de todo o processo de ensino/aprendizagem da língua, sobretudo porque é no texto que língua se revela em sua totalidade quer enquanto conjunto de formas, quer enquanto discurso que remete a uma relação intersubjetiva (Pereira, 2005, p. 13).

Episódio 26 – Reafirmando a escrita

> Como já se trata de 5º ano, o texto no diário é bastante cobrado, mas ainda há alunos que sentem que precisam do desenho para representar de fato a escrita.

---

[22] GERALDI, J. W. A leitura de textos. *In:* GERALDI, J. W. Portos de passagem. São Paulo: Martins Fontes, 1993.

Figura 32 – Produção de texto com imagem para o diário realizado por estudante do 5º ano

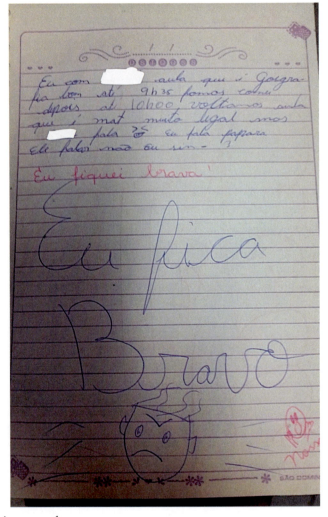

Fonte: arquivo pessoal

Escrita:
Eu com (nome da professora) aula que é geogra-fia bom até 9h35 fomos comeu depois até 10:00 voltamos aula que é mat muito legal mas (nome de um colega da classe) fala (desenho com carinha mostrando língua) Eu fala papara Ele fala não Eu sim — Eu fica Bravo (desenho representando a condição de bravo)

As palavras dizem muito, mas alguns estudantes ainda sentem a necessidade de complementar a informação com desenhos. Isso é o que acontece nesse episódio, em que a estudante realiza a escrita e, para deixar clara a intenção que está na visualidade do que ela quer expressar, faz um desenho para representar o sentimento que deseja exprimir.

Ainda é possível perceber como a marca de gênero ainda não está assimilada. A aluna reproduz um "Eu fica bravo", ao que a professora corrige, estruturando a frase "Eu fiquei brava".

> [...] as práticas de linguagem que ocorrem no espaço escolar diferem das demais porque devem, necessariamente, tomar a linguagem como objeto de reflexão, de maneira explícita e organizada, de modo a construir, progressivamente, categorias explicativas de seu funcionamento que permitirão, também aos estudantes surdos, o desenvolvimento da competência discursiva para ler e escrever nas diversas situações de interação (Brasil, 1998, p. 34).

Como a Libras é a língua de instrução e de modalidade espaço-visual, e ela a responsável pela organização do pensamento, talvez por isso recorrer ao desenho é garantir o entendimento por parte do interlocutor, uma vez que não há segurança de que a informação seja realmente compartilhada utilizando apenas a L2.

> A consciência adquire forma e existência nos signos criados por um grupo organizado no curso de relações sociais. Os signos são o alimento da consciência individual, a matéria de seu desenvolvimento, e ela reflete sua lógica e suas leis. A lógica da consciência é a lógica da comunicação ideológica, da interação semiótica de um grupo social (Bakhtin, 2009, p. 36).

Problematizando as atividades de escrita que a atividade do diário proporciona aos estudantes ao longo dos anos no colégio, apresentamos a seguinte discussão, que nos mostra alguns dos reflexos que a atividade promove, a partir de episódios com atividade de leitura e escrita fora do diário. São momentos muito importantes na escola, porque a maioria das atividades é realizada em folhas fotocopiadas.

Escrever no caderno ajuda a memorizar e auxilia a ampliação do vocabulário, mas a escola privilegia atividades nas folhas que aceleram o ritmo das atividades, permitindo que se acompanhe o currículo proposto no Colégio.

Não é que não utilizem os cadernos, mas a maioria das atividades é colada. A única atividade que envolve a escrita diária é a rotina, para os alunos do 5º ano, do diário.

Aula de Português: a proposta era a escrita de um texto com base nos quadrinhos (alunos do 4º e 5º ano)

Episódio 27 – Escrita no Núcleo de apoio (reforço)

> Professora Priscila pediu aos alunos que contassem em Libras o que viam nos quadrinhos. Ela ia fazendo perguntas do tipo: Quem? Por quê? Onde? O que tinha na maleta? Por que ele foi buscar? Quem buscou? Por que colocou o curativo na boca? À medida que ela ia perguntando, eles iam respondendo; nenhum dos alunos teve dificuldade de contar a história em Libras.

Figura 33 – Modelo de atividade com sequência de imagens para produção de texto

Fonte: arquivo pessoal da autora

> Então, ela pediu aos alunos que fossem escrevendo as palavras que apareceram no relato. Nesse momento, pode-se perceber algumas dificuldades na escrita; a professora precisava realizar a datilologia para que eles escrevessem. O quadro ficou conforme as figuras abaixo.

Figura 34 – Registro de palavras na lousa

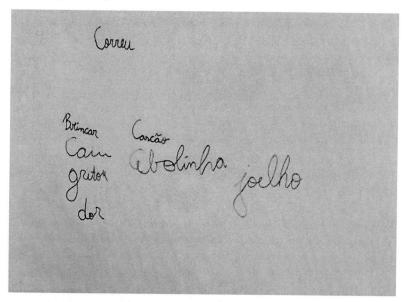

Fonte: arquivo pessoal da autora

Figura 35 – Registro de palavras na lousa

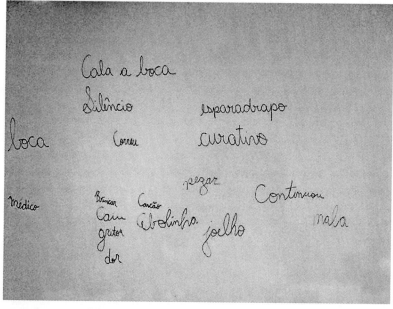

Fonte: arquivo pessoal da autora

Depois, com as palavras na lousa, ela entregou uma folha de rascunho a cada um dos alunos e eles deveriam escrever. Começou o processo de escrita. A professora ia fazendo comentários sobre a dificuldade que os alunos tinham em reter vocabulário; dizia: — Olha, acabamos de falar qual a palavra e eles não lembram. — Nossa! Tá na lousa, procura, vai! — Como é difícil. Eles iam tentando e, ao final, a produção foi a seguinte:

Figura 36 – Produção de texto de estudante do 5º ano a partir de sequência de quadrinhos

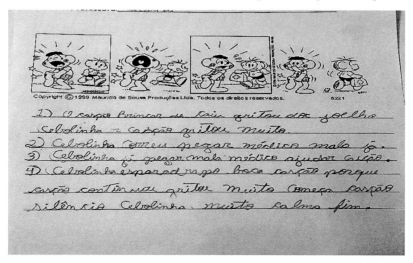

Fonte: arquivo pessoal da autora

> Escrita:
> 1) O Cascão Brincar de caiu gritou dor joelho Cebolinha Cascão gritou muito.
> 2) Cebolinha correu pegar médico mala já.
> 3) Cebolinha já pegar mala médico ajudar Cascão.
> 4) Cebolinha esparadrapo boca Cascão porque Cascão continuou gritou muito começa Cascão silencio Cebolinha muito calmo fim.

Figura 37 – Produção de texto de estudante do 5º ano a partir de sequência de quadrinhos

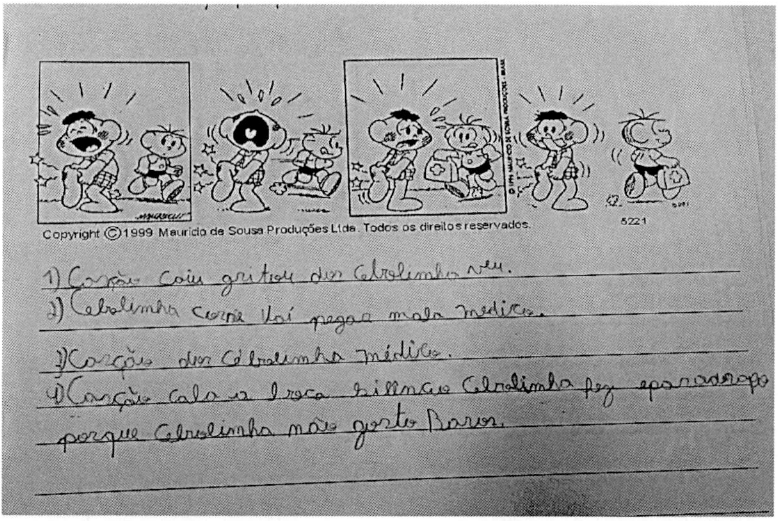

Fonte: arquivo pessoal da autora

Escrita:

1) Cascão caiu gritou dos Cebolinha veu.

2) Cebolinha corre vai pegar mala medico.

3) Cascão dor Cebolinha médico.

4) Cascçao cala a boca silêncio Cebolinha fez esparadrapo porque Cebolinha não gosto Baros.

Figura 38 – Produção de texto de estudante do 5º ano a partir de sequência de quadrinhos

Fonte: arquivo pessoal da autora

Escrita:

1) Cascão Brincar caiu gritou dor ver Cebolinha

2) Cascão gritou dor Cebolinha corre Pegar mala médico

3) Cascão esparadrapos você cala a boca Silêncio Cebolinha porque gritou esparadrapo cla a boca Silêncio.

As três produções contêm as palavras do quadro e algumas do repertório de cada estudante. O que chama atenção é a maneira como eles estruturam o texto, numerando os quadros.

Percebe-se nesse episódio a dificuldade de fazer a transposição entre as línguas (L1 e L2), mesmo se tratando de estudantes do 5º ano, último do Ensino Fundamental I e na unidade escolar desde a Educação Infantil. As experiências adquiridas no processo garantem uma desenvoltura fluente em Libras que não pode ser ainda transferida para a Língua Portuguesa.

Bakhtin (2009) nos alerta sobre a necessidade da L1 embasar e criar possibilidades de aquisição da L2. Vygotsky (2012b) de certa maneira complementa esse pensamento quando nos aponta que, se não houver estímulos que permitam que o processo de desenvolvimento cognitivo ocorra, ele não acontecerá.

Dessa maneira podemos dizer que se não forem realizadas cobranças de maneira a proporcionar aos estudantes desafios com metas a serem cumpridas, o desenvolvimento não ocorrerá pelo simples fato da exposição, sem significação para que possa ocorrer a sistematização.

> Para nosotros es evidente que el dominio de este sistema complejo de signos no puede realizarse por una vía exclusivamente mecánica, desde fuera, por medio de una simple pronunciación, de un aprendizaje artificial. Para nosotros es evidente que el dominio del lenguaje escrito, por mucho que en el momento decisivo no se determinaba desde fuera por la enseñanza escolar, es en realidad, el resultado de un largo desarrollo de las funciones superiores del comportamiento infantil (Vygotsky, 2012b, p. 184).

Nesse sentido o que acontece no episódio é uma atividade produção de texto em L1 que se transforma em produção de frases em L2, que apenas descreve as imagens do quadrinho descaracterizando o princípio e objetivo da atividade. O aluno não produz texto em L2, mas é levado a crer nessa produção.

No momento da contação, os estudantes se sentiram mais livres, apresentando, inclusive, mais elementos que os que acabaram grafando. Ainda que os alunos tenham fluência em Língua de Sinais, essa transposição não acontece de forma tão tranquila, mesmo que não haja recusa em participar da tarefa.

Episódio 28 – Curiosidades

A professora do 5º ano pediu aos alunos que escrevessem em uma folha quais os assuntos eles teriam interesse de discutir em sala de aula, a fim de aprofundar e entender melhor alguns temas.

Figura 39 – Bilhetes contendo as indicações de assuntos de interesse dos alunos do 5º ano

Fonte: arquivo pessoal

> Escrita: Gnomos – Geografia Mapa – Geografia Mapa – Ciências elétrica energia

Figura 40 – Bilhetes em cima da mesa da professora, contendo as indicações de assuntos de interesse dos alunos do 5º ano

Fonte: arquivo pessoal da autora

> Escrita:
>
> Energia Nuclear – Origem da Terra – Albert Einstein L. Portuguesa

Episódio 29 – Aula de Libras

> A aula de Libras começou. Todos os alunos se sentaram, o professor Felipe também é surdo. Inicia dizendo que vão assistir a um filme e que devem prestar atenção ao que aparecerá. Todos assistem, atentos. Depois, ele pergunta a eles se são surdos ou ouvintes.
>
> Diana: SURDO (ela é uma aluna que fala bem)
>
> Gabriel: SURDO EU. JANAÍNA (faz sinal da colega) SURDA?
>
> Janaína: EU SURDA SIM. OUVE POUCO. EU SURDA.
>
> O professor, também surdo, então, prossegue falando sobre aspectos da identidade surda, com base no vídeo TV Ines sobre tecnologia[23]. Depois, dividem-se em grupos para discutir o que está sendo mostrado no vídeo. O professor pede a eles que discutam sobre as tecnologias, pergunta por que os surdos usam Libras, qual o sinal para "falar" em Libras, como sabiam quando o bebê chorava, como acordar e todos os pontos tratados no vídeo.

Mesmo que o episódio 27 nos apresente a dificuldade em organizar uma atividade de escrita com autonomia pelos estudantes, por conta da forma como a Língua Portuguesa é interpretada e apresentada, o episódio 28 traz esses mesmos estudantes em outra atividade, mostrando o quanto é importante ter uma língua para se constituir, de acordo com pressupostos já apresentados neste trabalho de Bakhtin (2009) e Vygotsky (2012a).

Os bilhetes contendo os diversos interesses, que vão muito mais além do que aquele estabelecido no conteúdo programático previsto, evidenciam vontade, predisposição para o conhecimento. Marcam o reconhecimento das habilidades que possuem, e por esse motivo o episódio 29 é parte dessa categoria, pois, ainda que ele não contenha atividade escrita, mostra o empoderamento que a Libras dá aos estudantes.

O episódio 29 não só aponta aspectos relevantes para se pensar na vida de pessoas surdas, como também convida a refletir sobre esses pontos, bem como em L1. Em nenhum momento nessa aula foi usado outro recurso

---

[23] Ver NUNES. R. Jornal de libras. Tecnologia em Libras. Casa de surdo. Disponível em: https://www.youtube.com/watch?v=twQWFpqekNg. Acesso em: 30 out. 2016.

que não o visual. A participação dos alunos é notável, e a fala de Janaína ao questionamento do colega nos mostra como já estão cientes de quem são e o que significa ser. "EU SURDA SIM. OUVE POUCO. EU SURDA." Na fala, não há receio em assumir a condição de surda, e mesmo utilizando bem a fala não é dessa forma que ela se constitui. Como está expresso em Vygotsky (2014) e Bakhtin (2009), ela é um sujeito de aprendizagem que continua desenvolvendo seu potencial cognitivo, emocional e intelectual.

Não se define como uma pessoa normal que não ouve, mas uma surda que, a partir da Língua de Sinais, conseguiu se desenvolver.

Os assuntos elencados pelos estudantes no episódio 28 foram: energia nuclear — mais uma vez o estudante utiliza a imagem para complementar a informação escrita; origem da Terra; Albert Einstein; Geografia – mapa; Ciências – energia elétrica; e gnomos.

Esses temas não estão ligados apenas a questões do universo escolar. Isso prova que, para criar tal repertório, de alguma forma os estudantes compartilham língua e ampliam a linguagem por meio de textos, vídeos, entre outros que servem de alicerce para organizar o pensamento.

> El resumen fundamental de los trabajos consiste en establecer que el pensamiento a través del lenguaje es una complicada formación de carácter heterogéneo. En su aspecto funcional desarrollado, todo lenguaje con sentido presenta dos facetas, que los experimentadores deben diferenciar claramente. Es lo que en las investigaciones actuales se suele denominar lado fonético del lenguaje, refiriéndonos a su faceta verbal, lo que guarda relación con el aspecto exterior del lenguaje, y la faceta semiótica (o semántica) del lenguaje, es decir, su lado significativo, que consiste en dar sentido a lo que decimos y en extraer el significado de lo que vemos, oímos, leemos (Vygotsky, 2014, p. 395).

O episódio 29 apresenta como esse investimento é realizado. Percebe-se que o conteúdo da aula vai além do ensino da Língua de Sinais como estrutura a ser apreendida sistematicamente. A aula vem carregada de conceitos ideológicos apresentados e discutidos em grupo para ser processado e incorporado individualmente. E a colocação da estudante corrobora essa constatação.

Episódio 30 – Registro na prova

> A professora do 4º ano aplicou a prova, com todos os alunos sentados em fila nos lugares em que ela determinou (este foi o único momento durante toda a pesquisa de campo em que os estudantes se sentaram enfileirados). Cada um teve que ler a própria prova, não houve interferência da professora.

Figura 41 – Imagem da prova do aluno do 4º ano – Geografia (resposta com desenho)

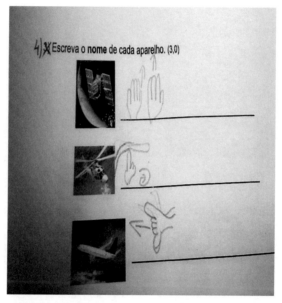

Fonte: arquivo pessoal da autora

Figura 42 – Imagem da prova do aluno do 4º ano – Geografia (resposta em L2)

Fonte: arquivo pessoal da autora

Figura 43 – Imagem da prova do aluno do 4º ano – Geografia (resposta em L2)

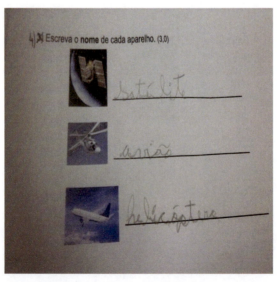

Fonte: arquivo pessoal da autora

Figura 44 – Imagem da prova do aluno do 4º ano – Geografia (resposta em L2)

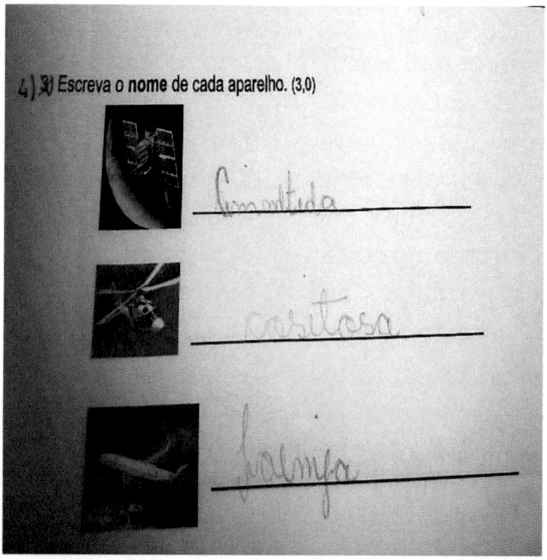

Fonte: arquivo pessoal da autora

Figura 45 – Imagem da prova do aluno do 4º ano – Geografia (resposta em L2)

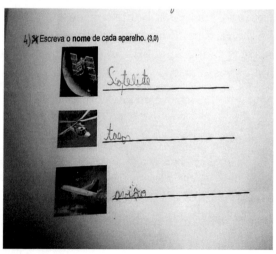

Fonte: arquivo pessoal

As hipóteses sobre a escrita relacionadas nesse episódio mostram como estão os estudantes do 4º ano em relação à escrita; as figuras dos bilhetes são muito interessantes para reflexão.

A Figura da prova registrada "de forma visual" mostra como o estudante entende o que deve fazer. Ele lê a orientação que está em Língua Portuguesa, conhece o conceito, mas não se sente confiante em arriscar responder em L2 e, por isso, recorre à L1.

Ele desenha os sinais correspondentes. Fica evidente nesse exemplo que para esse estudante a escrita da Língua Portuguesa pode ser substituída por desenho, porque o que considera importante é mostrar para a professora que sabe do que está sendo tratado. Mais uma vez, de acordo com Vygotsky (2014), foi possível dar sentido por meio da imagem àquilo que foi pensado, amparado pela língua.

No entanto a orientação da atividade pede para que se escreva o nome de cada aparelho, e quando o estudante desenha, não cumpre a tarefa solicitada, já que a escrita precisa ser realizada em L2. Trata-se de um instrumento de avaliação, e no momento o que está sendo avaliada é a capacidade de sistematização da L2, por isso não considerada como resposta correta pela professora.

A primeira figura da prova registrada em LP mostra uma autonomia maior na L2. Essa criança entendeu como precisa agir para escrever na outra língua; mesmo assim, apresenta algumas trocas ao realizar a tarefa. Ao escrever "horicopo", demonstra que conseguiu guardar boa parte da composição da palavra, e, lembrando o que afirma Fernandes (2003), esse é um dos pontos esperados na aquisição da língua escrita — mesmo os ouvintes passam por essa fase.

> Supomos, portanto, em princípio, que tais dificuldades são gerais, com ou sem a presença do som no processo de aprendizagem da escrita. Concluímos, assim, que este percurso é natural a crianças de modo geral, surda ou ouvinte, e nada tem a ver com a presença ou ausência do som na fase da aprendizagem escrita (Fernandes, 2003, p. 47).

Ao analisar todas as figuras do episódio, temos clareza de que, apesar de se tratar de estudantes do mesmo ano escolar, as produções são diferentes porque cada um está vivendo seu processo, que de acordo com as premissas de Vygotsky (2012b) está intimamente ligada às experiências vivenciadas dentro e fora da unidade escolar.

Algumas palavras aparecem escritas em mais de uma avaliação da maneira correta ("avião – satélite"). Como se trata de uma prova, é possível que no contexto elas tenham sido trabalhadas de forma a possibilitar melhor memorização, ou mesmo deve ter tido um significado para a turma.

Apenas uma criança não se aproxima da escrita convencional da palavra nem utiliza a L1 como recurso. Isso nos mostra que, ainda que todos estejam no 4º ano e sejam surdos, existe uma heterogeneidade quanto à composição da sala e se deve respeitar o processo pelo qual cada um passa, até o desenvolvimento de capacidades que permitam a apropriação da escrita. "Así como el niño en cada etapa del desarrollo, en cada una de sus fases, presenta una peculiaridad cuantitativa, una estructura especifica del organismo y la personalidad, de igual manera el niño deficiente presenta un tipo de desarrollo cualitativamente distinto, peculiar" (Vygotsky, 2014, p. 12).

Episódio 31 – Lendo e escrevendo

> Os alunos estão sentados de forma que todos vejam o que está sendo projetado na lousa; trata-se de uma quadrinha de um versinho que está compondo o mural. A professora projeta no quadro o texto escrito da quadrinha. Todos estão atentos à sinalização (desta vez da professora) dos vocábulos que a compõem; depois, eles olham atentamente para o texto sinalizado no vídeo (uma produção da própria escola).

Figura 46 – Atividade com quadrinha projetada – 1º ano

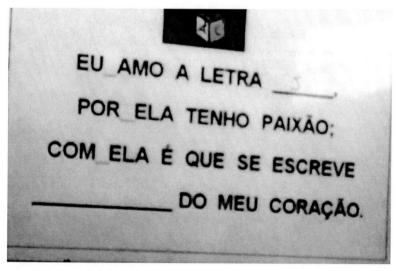

Fonte: arquivo pessoal da autora

> Fizeram a leitura do verso e cada um dos alunos era convidado a colocar a letra e o nome do colega na lacuna para depois ler. A professora pedia aos alunos que fizessem em Português Sinalizado e em Libras.
>
> Professora: PORTUGUÊS JEITO DIFERENTE LIBRAS. ATENÇÃO!

A leitura precede a escrita. Ela fornece elementos para que as pessoas percebam como acontece a estruturação da língua escrita. Ela proporciona, ainda, um conhecimento dos vários gêneros existentes.

No episódio 31, a professora apresenta o texto em duas modalidades: na forma escrita projetada no quadro e em forma de vídeo. A atividade tem como objetivo realizar a comparação entre as formas. Quando os alunos assistem ao vídeo, compreendem o que a quadrinha quer dizer, conseguem entender nas duas línguas e, quando partem para o texto escrito, sinalizam as palavras, isto é, mostram as palavras e fazem o sinal correspondente.

EU (aponta para si) AMO (sinal amor) A LETRA (sinal letra)

POR ELA (sinal letra) faz a explicação aqui que o pronome "ela" está substituindo a palavra TENHO (sinal ter) PAIXÃO (sinal amor + expressão)

No momento de ler o texto escrito projetado, a professora faz um alerta aos alunos. Ela diz: "PORTUGUÊS JEITO DIFERENTE LIBRAS. ATEN-ÇÃO! ". É interessante perceber que ela marca a diferença que existe entre as duas línguas.

COM (sinal junto) ELA (sinal letra) SE ESCREVE (sinal escrever)

_____ (sinal nome) DO MEU (sinal meu) CORAÇÃO (sinal coração)

O exercício não está marcado pura e simplesmente pelo vocabulário, mas, acima de tudo, pelo significado. Ao contrário de algumas atividades veiculadas fora desse espaço e que dizem respeitar a condição linguística do surdo, que se propõe considerar uma inclusão educacional, mas não conseguem entender o conceito de Língua de Sinais.

Figura 47 – Atividade com texto e orientação para professor com sinais da Libras e algumas palavras em Língua Portuguesa

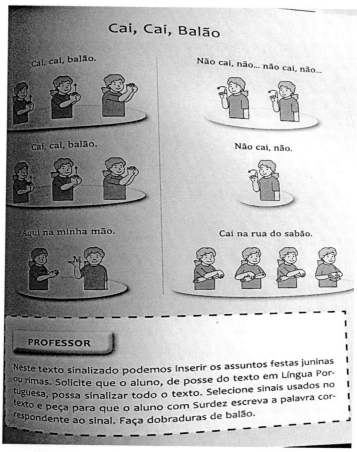

Fonte: Honora (2014)

Na atividade acima, a proposta pode até ter a intenção de se assemelhar à que propõe a professora do CES, mas não dá conta do significado real dos sinais, e a orientação confusa não ajuda a entender o que está sendo considerado de cada língua.

CAI, CAI, BALÃO (desenho do sinal de balão subindo)

CAI, CAI, BALÃO (desenho do sinal de balão subindo)

AQUI NA MINHA (MÃO (desenho do sinal meu e desenho sinalizando mão na posição vertical)

NÃO CAI, NÃO... NÃO CAI, NÃO... (desenho sinal não duas vezes)

NÃO CAI, NÃO. (desenho sinal não)

CAI NA RUA DO SABÃO (desenho do sinal de rua e desenho do sinal de lavar a mão)

No exemplo, é perceptível o equívoco que se estabelece ao pensar que retirando os conectivos se produz Língua de Sinais e, ainda, que sinais fora do contexto comunicam a mensagem.

Se o início da parlenda é "cai, cai balão", o sinal não pode ser o literal de balão, porque a proposição interpretativa pressupõe o balão caindo, e não subindo. Como estamos tratando de leitura em L2, não basta sobrepor uma palavra com um sinal — isso não ocorre nessa atividade, uma vez que o verbo "cair" nem é sinalizado. É preciso traduzir o trecho, como faz a professora da escola quando dá à palavra ELA o significado em sinal de LETRA e explica o porquê.

A atividade realizada na escola permite aos alunos que experimentem a leitura, de acordo com a Orientação Técnica (São Paulo, 2008), que compreendam o texto e interajam a partir dele, colocando a letra inicial do nome do amigo. Depois leva-se o verso para o mural, onde ele cumpre o papel de apoio às pesquisas dos alunos por palavras pela memorização, semelhante à tarefa dada aos alunos ouvintes com textos que sabem de cor.

É perceptível que em relação à Língua de Sinais nossa área consegue cumprir todas as exigências para proporcionar o desenvolvimento das funções mentais superiores (Vygotsky, 2012b), e, a partir deles, assimilação dos conceitos, empoderamento e identidade surda. As crianças que frequentam o espaço se entendem produtoras de saberes, crianças e jovens capazes de realizar as atividades que a sociedade estabelece.

É a partir da Libras que a Língua Portuguesa vai sendo apresentada para as crianças nesse universo escolar. Como foi apresentado, realizam algumas atividades permanentes, como o diário, em que precisam lidar com a Língua Portuguesa.

O fato de contar com professores surdos dá a eles uma possibilidade de êxito. Eles são modelos e, se o tempo todo se fala que a L2 é necessária para prosseguir os estudos, fazer faculdade, arranjar trabalho, esses modelos surdos adultos dão a eles essa segurança.

Mas ainda é perceptível o quanto deve ser investido em atividades de escrita para que todas essas conquistas realizadas em L1 possam também ser efetuadas em L2.

E AGORA?

Jeremy
(Pearl Jam)

At home
Drawing pictures of mountain tops
With him on top, lemon yellow Sun
Arms raised in a "V"
The dead lay in pools of maroon below
    Daddy didn't give attention
To the fact that mommy didn't care
King Jeremy, the wicked
Oh, ruled his world
    Jeremy spoke in class today
Jeremy spoke in class today
    Clearly I remember
Picking on the boy
Seemed a harmless little fuck
    Oh, but we unleashed a lion
Gnashed his teeth
And bit the recess lady's breast
    How could I forget?
And he hit me with a surprise left
My jaw left hurting
    Oh, dropped wide open
Just like the day
Oh, like the day I heard
    Daddy didn't give affection, no
And the boy was something
That mommy wouldn't wear
King Jeremy, the wicked
Oh, ruled his world
    Jeremy spoke in class today
Jeremy spoke in class today
Jeremy spoke in class today
    Try to forget this (try to forget this)
Try to erase this (try to erase this)
From the blackboard
    Jeremy spoke in class today
Jeremy spoke in class today
    Jeremy spoke
Spoke
Jeremy spoke
Spoke
    Jeremy spoke in class today

Em casa
Desenhando figuras de topos de montanhas
Com ele no topo, sol amarelo-limão
Braços erguidos em "V"
Os mortos estendidos em poças de cor
marrom embaixo deles
    Papai não deu atenção
Para o fato de que a mamãe não se importava
Rei Jeremy, o perverso
Oh, governou seu mundo
    Jeremy falou na aula de hoje
Jeremy falou na aula de hoje
    Me lembro claramente
Perseguindo o garoto
Parecia uma sacanagem inofensiva
    Oh, mas nós libertamos um leão
Que rangeu os dentes
E mordeu os seios da menina na hora
do intervalo
    Como eu poderia esquecer?
E me acertou com um soco de esquerda
de surpresa
Meu maxilar ficou machucado
    Oh, deslocado e aberto
Assim como no dia
Oh, como o dia em que ouvi
    Papai não dava afeto, não
E o garoto era algo
Que mamãe não aceitaria
Rei Jeremy, o perverso
Oh, governou seu mundo
    Jeremy falou na aula de hoje
Jeremy falou na aula de hoje
Jeremy falou na aula de hoje
    Tente esquecer isso (tente esquecer isso)
Tente apagar isso (tente apagar isso)
Do quadro negro
    Jeremy falou na aula de hoje
Jeremy falou na aula de hoje
    Jeremy falou - Falou
Jeremy falou - Falou
    Jeremy falou na aula de hoje

> Pesquisa-dor é aquele sujeito que, mais longe o possível das amarras que lhe impõem os diversos ideias, mergulha – implicado em todo seu corpo – na tarefa única e, de resto, para cada um absolutamente singular, de pesquisar a dor específica de sua existência (Brito, 2011, p. 331-332).

Após apresentar episódios de atividades realizadas no espaço escolar estudado e problematizar como a comunidade estabelece relações, como os estudantes interagem e, principalmente, os papéis que a L1 e L2 têm nesse contexto, algumas considerações são elaboradas para contribuir na construção de um ambiente educativo para surdos.

De acordo com Fernandes (2003), a definição de Bilinguismo requer questionamentos que vão além do termo, mas que estão relacionados com a trajetória e maneira como entendemos os surdos e seu processo educativo:

> Como falar de bilinguismo na educação deixando de lado estas questões que envolvem o conceito de educação, em seu sentido mais amplo e objetivo? O que propomos é uma reflexão sobre o processo educacional do surdo, não no sentido pedagógico mais restrito do termo, mas no que se refere ao seu desenvolvimento como indivíduo em si mesmo e à sua participação como indivíduo na sociedade. Evidentemente, nossa experiência na área, aponta para diversas direções. Vemos, por um lado, caminhos mais lúcidos que respeitam o surdo e sua cultura e, portanto, encaram o bilinguismo na educação como um todo nunca dissociado de um projeto educacional – que envolve a comunidade de surdos e inclui não só os educadores, mas os familiares quer sejam surdos ou ouvintes, e que se estende ao meio social em que vive este indivíduo, de modo a estimular e a atuar no sentido de propiciar a interlocução constante (Fernandes, 2003, p. 54, grifo do autor).

O Bilinguismo é muito mais do que a exposição a duas línguas: é parte de um projeto maior do empoderamento do surdo e propicia que o papel da escola seja cumprido na construção de conhecimento e na constituição autônoma dos estudantes.

No ambiente estudado, os surdos estão num lugar de reconhecimento, são compreendidos e reconhecidos como sujeitos de ação, contrapondo-se à visão médica e corresponsabilizando-os pelo desenvolvimento linguístico, social, psicológico e cognitivo.

Existe o contato com o adulto sinalizador que permite a estruturação de pensamento e organização de ideias, já que o papel central da língua nesse sentido é garantir o desenvolvimento do pensamento na constituição desses sujeitos. A partir das experiências compartilhadas na língua acessível da forma mais natural possível, permite-se um conforto linguístico na realização dessas interações.

> Sin embargo, durante el proceso de desarrollo del niño tiene lugar un enfrentamiento constante con el medio social, el cual exige una adaptación al modo de pensar de las personas adultas. Entonces, el niño adquiere el idioma, que dicta una rígida división del pensamiento. El idioma exige estructurar la socialización de este último. El comportamiento del niño en el medio le obliga a comprender el pensamiento de otros, a responder de él, a comunicar el propio pensamiento (Vygotsky, 2014, p. 390-391).

Pela exposição dos episódios, pudemos constatar que os trabalhos realizados na escola envolvem as duas línguas de maneira desigual, e isso aparece de forma marcante nas atividades analisadas: as tarefas e os exercícios privilegiam a Língua de Sinais.

É preciso, então, indicar que a Língua Portuguesa é que busca espaços para se configurar no bi do Bilinguismo. Ela aparece, acontece, mas ainda há um caminho a percorrer, os quais propiciarão os estudantes subsídios para uso autônomo com habilidade e competência semelhante ao que acontece quando usam Libras.

> As decisões educacionais não se limitam, assim, apenas aos conteúdos disciplinares e às questões linguísticas, mas promovem aos alunos uma tomada de consciência quanto à nova perspectiva social que se abre para eles. Essa consciência social, discutida nas interações entre sujeitos, possibilita uma troca sobre as diversas maneiras de ver o mundo, suas experiências culturais sobre o que significa tornar-se bilíngue, pois aprender uma segunda língua corresponde a entrar em contato com novas experiências culturais e sociais, determinadas por essa língua e determinantes dela (Lodi, 2005, p. 420).

Em algumas experiências apresentadas, a L2 aparece; os professores trabalham em prol desse objetivo. Nota-se, no entanto, uma situação inversa à qual estamos mais familiarizados, em outros espaços educacionais.

Como a Língua Portuguesa compõe-se como uma das metas para o ensino para os surdos, a escola entende que é por meio da Língua de Sinais que essa meta será alcançada, corrigindo um problema que há muito perdura na educação dos surdos. Reside, aí, uma expectativa de que o aluno surdo aprenda a língua do grupo majoritário, nas modalidades escritas, num processo que conta com a participação da Língua de Sinais.

As atividades acabam priorizando a L1 por conta do entendimento e propulsão dos processos cognitivos, e não alcança desenvolvimento análogo ao conhecimento e uso da Língua Portuguesa.

É compreensível, no entanto, que a preocupação primeira é garantir que esses estudantes, ao iniciarem o Ensino Fundamental II, sejam capazes de participar das atividades contando com a presença do Tradutor Intérprete de Libras (TIL) em sua função de mediador entre as línguas, e não como dependentes desse profissional desviando dessa forma sua função. Os TILs realizarão sua função contando com a maturidade dos estudantes, fluência na Língua de Sinais e, consequentemente, maior familiaridade com os conceitos trabalhados, minimizando alguns problemas como os que Lacerda (2009, p. 70) indica:

> [...] quando o intérprete percebe que o aluno não compreendeu o que foi transmitido, pergunta-se, num dilema frequente, se deve continuar a interpretação ou se concentrar no ponto de dificuldade do aluno. Tais dificuldades são incrementadas pelo domínio restrito de língua de sinais por parte dos alunos surdos, que, nesse caso, sendo filhos de ouvintes e estando em aquisição de Libras, requerem um maior esforço das intérpretes, que precisam organizar explicações da professora prosseguem e as ILS ficam num dilema entre explicar melhor os conceitos aos alunos surdos e acompanhar os conteúdos que estão sendo ministrados pela professora.

Lacerda (2009) define que, na maioria das vezes, os surdos se reportam ao intérprete em vez de falar diretamente com o professor, e é para o profissional da interpretação que fazem as colocações referentes à sala de aula, como dúvidas, respostas e informações. No entanto esses estudantes estão sendo preparados para entender a dinâmica das relações na sala de aula com ouvintes.

O Bilinguismo no interior da escola é aquele que em que as línguas não aparecem com o mesmo peso e fluência; existe, sim, a predominância de uma delas, neste caso da Libras. Por isso, como bem pontua Lacerda (2006), para a emancipação, a inclusão e a participação dos surdos acontecerem com qualidade, é preciso pensar na organização dos espaços escolares, na formação dos professores e, principalmente, respeitar as especificidades linguísticas dos alunos surdos.

Em síntese, os dados da pesquisa indicam que a participação das duas línguas acontece de forma desigual na escola. Há um deslocamento no que estamos acostumados a presenciar. Neste trabalho a instituição conseguiu garantir o status de língua central para a Língua de Sinais, não deixando a Língua Portuguesa de lado, mas priorizando, sim, a L1.

Quanto à Libras, todos os professores são fluentes, as atividades são em Libras, e os estudantes são convidados o tempo todo a produzir materiais visuais que compõem o site da escola, falando sobre os projetos internos, datas comemorativas, ensinando Libras, contando piadas, enfim, utilizando e divulgando sua L1.

Temos então que problematizar, aqui, como resolver essa questão da L2, porque os profissionais da escola expressam preocupação em relação a essa questão. Os professores estão em constante discussão sobre como podem estimular o processo e procuram trabalhar com a continuidade das experiências. É possível ser surdo e usar as duas línguas, cada uma ocupando seu espaço, mas com status mais próximo de parceria que de posição hierárquica de dominação e submissão?

O que caracteriza o Bilinguismo e uma educação significativa para os surdos não se restringe ao acesso a um surdo adulto na escola sem dar a ele condições de participação no processo e planejamento das atividades, nem garantir a presença de intérpretes em espaços com crianças surdas que estão em fase de aquisição de Libras e, muito menos, adaptar atividades colocando imagens, desenhos ou figuras ilustrativas com sinais.

A consequência de um ensino bilíngue de fato mostra à sociedade que surdos são tão capazes de aprender quanto ouvintes; aos professores, que é possível trabalhar de maneira diferente, explorando a condição visual propícia para a comunidade surda; e, aos surdos, que escola é, sim, o lugar deles.

REFERÊNCIAS

ABUJAMRA, A. O Mundo. Banda Karnak, 2007. Disponível em: http://www.letras. com.br/karnak/o-mundo. Acesso em: 4 abr. 2016.

ALBRES, N. de A. Estudo léxico da Libras: uma história a ser registrada. *In:* LACERDA, C. B. F. de; SANTOS, L. F. dos (org.). *Tenho um aluno surdo e agora?*: Introdução à Libras e educação de surdos. São Carlos: EdUFSCar, 2013.

ANTUNES, A.; MONTE, M.; BROWN C. Infinito particular. (CD) Álbum Infinito Particular. EMI, 2006.

ANTUNES, Arnaldo. O nome disso. (CD). Álbum Ninguém, 1995.

ARPEF. Programa bilíngue para surdos. Método Verbotonal. Técnicas. Disponível em: http://www.arpef.org.br/met_tec.asp. Acesso em: 14 abr. 2015.

BAKHTIN, M. M.; VOLOCHÍNOV, V. N. *Estética da criação verbal.* 5. ed. São Paulo: Martins Fontes, 2010b.

BAKHTIN, M. M.; VOLOCHÍNOV, V. N. *Marxismo e filosofia da linguagem.* 13. ed. São Paulo: Hucitec, 2009.

BAKHTIN, M. M.; VOLOCHÍNOV, V. N. *Questões de literatura e de estética: a teoria do romance.* 6. ed. São Paulo: Hucitec, 2010a.

BERNARDINO, E. L. *Absurdo ou lógica?*: Os surdos e sua produção linguística. Belo Horizonte: Profetizando Vida, 2000.

BRAGA, M. J. da S. *Programa de estruturação sistematizada da linguagem para deficientes auditivos.* 1983. (Mimeo).

BRASIL. *Constituição da República Federativa do Brasil.* Brasília, DF, Senado, 1988.

BRASIL. *Decreto nº 5.626, de 22 de setembro de 2005.* Regulamenta a Lei nº 10.436, de 24 de abril de 2002, que dispõe sobre a Língua Brasileira de Sinais - Libras, e o art. 18 da Lei nº 10.098, de 19 de dezembro de 2000. Brasília, 2005. Disponível em: http://www.planalto.gov.br/ccivil_03/_ato2004-2006/2005/decreto/d5626. htm. Acesso em: 20 abr. 2016.

BRASIL. Decreto nº 5626. Regulamenta a Lei nº 10.436, de 24 de abril de 2002, que dispõe sobre a Língua Brasileira de Sinais – Libras, e o art. 18 da Lei nº 10.098, de 19 de dezembro de 2000. *Diário Oficial da União*, 22 dez. 2005.

BRASIL. Decreto nº 6.094, de 24 de abril de 2007. Dispõe sobre a implementação do Plano de Metas Compromisso Todos pela Educação. *Diário Oficial da União*, Brasília, 25 abr. 2007b. Disponível em: http://www.planalto.gov.br/ccivil_03/_ato2007-2010/2007/decreto/d6094.htm. Acesso em: 18 mar. 2015.

BRASIL. Lei Federal n. 9394, de 20 de dezembro de 1996. Diretrizes e Bases da Educação Nacional. *Diário Oficial da República Federativa do Brasil*. Brasília, 1996. Disponível em: http://www.in.gov.br/mp._leis/leis_texto.asp. Acesso em: 6 jun. 2016.

BRASIL. Lei Federal nº 4024, de 20 de dezembro de 1961. Diretrizes e Bases da Educação Nacional. *Diário Oficial da República Federativa do Brasil*. Brasília, 1961. Disponível em: http://www.in.gov.br/mp._leis/leis_texto.asp. Acesso em: 6 jun. 2016.

BRASIL. Lei n. 10.406, 10 de janeiro de 2002. Institui o Código Civil. *Diário Oficial da União*, Rio de Janeiro, 11 jan. 2002a. Disponível em: https://www2.senado.leg.br/bdsf/bitstream/handle/id/70327/C% C3% B3digo%20 Civil%202 %20 ed.pdf?sequence=1. Acesso em: 6 jun. 2016.

BRASIL. *Lei n. 3.071, de 1º de janeiro de 1916*. Código Civil. Revogada pela lei n. 10.406, de 10 de janeiro de 2002. Disponível em: http://www.planalto.gov.br/CCIVIL/leis/L3071.htm. Acesso em: 6 jun. 2016.

BRASIL. *Lei nº 13.146, de 6 de julho de 2015*. Dispõe sobre a Lei brasileira de inclusão da pessoa com deficiência. Disponível em: http://www.planalto.gov.br/ccivil_03/_Ato2015-2018/2015/Lei/L13146.htm. Acesso em: 25 mar. 2016.

BRASIL. *Lei nº 10.172, de 9 de janeiro de 2001*. Aprova o Plano Nacional de Educação e dá outras providências. Brasília, 2001b. Disponível em: http://www.in.gov.br/mp._leis/leis_texto.asp. Acesso em: 7 abr. 2016.

BRASIL. Ministério da Educação. Secretaria de Educação Continuada, Alfabetização, Diversidade e Inclusão. *Política nacional de educação especial na perspectiva da educação inclusiva*. 7 jan. 2008. Disponível em: http://portal.mec.gov.br/arquivos/pdf/politicaeducespecial.pdf. Acesso em: 18 maio 2016.

BRASIL. Ministério da Educação. Secretaria de Educação Especial. *Lei nº 10.436 de 24 de abril de 2002*. Dispõe sobre a Língua Brasileira de Sinais – Libras e dá outras providências. 2002. Disponível em: https://legis.senado.leg.br/norma/552312/publicacao/15716310. Acesso em: 10 jan. 2025.

BRASIL. *Plano de Desenvolvimento da Educação*: razões, princípios e programas. Brasília: MEC, 2007a. Disponível em: http://portal.mec.gov.br/arquivos/livro/livro.pdf. Acesso em: 19 fev. 2015.

BRASIL. Plano Nacional de Educação (PNE). *Plano Nacional de Educação 2014-2024*: Lei nº 13.005, de 25 de junho de 2014, que aprova o Plano Nacional de Educação (PNE) e dá outras providências. Brasília: Câmara dos Deputados, Edições Câmara, 2014.86 p. (Série legislação; n. 125).

BRASIL. *Resolução CNE/CEB nº 2, de 11 de setembro de 2001*. Diretrizes Nacionais para a Educação Especial na Educação Básica. Brasília: MEC, 2001a.

BRASIL. Secretaria de Educação Fundamental. *Parâmetros Curriculares Nacionais: terceiro e quarto ciclos do ensino fundamental*: língua portuguesa. Brasília: MEC/SEF, 1998.

BRITO, F. B. de. *O movimento social surdo e a campanha pela oficialização da língua brasileira de sinais*. 2013. Tese (Doutorado em Educação) – Faculdade de Educação, Universidade de São Paulo, São Paulo, 2013.

BRITO, L. F. *Integração social e educação de surdos*. Rio de Janeiro: Babel, 1993.

BRITO, L. F. *Por uma gramática de línguas de sinais*. Rio de Janeiro: Tempo Brasileiro: UFRJ, Departamento de Linguística e Filologia, 1995.

BRITO, R. C. de C. Representações do professor de inglês na inclusão educacional de alunos surdos. *In:* CORACINI, M. J. (org.). *Identidades silenciadas e (in) visíveis*: entre a inclusão e a exclusão (Identidade, mídia, pobreza, situação de rua, mudança social, formação de professores). Campinas: Pontes Editores, 2011.

BRZEZINSKI, I. (org.). *LDB/1996 contemporânea*: contradições, tensões, compromissos. São Paulo, Cortez, 2014.

BUARQUE, C. Paratodos. Álbum Paratodos (CD, cassete, vinil). 1993.

CALDEIRA, J. C. L. *Exercícios psicomotores e psicopedagógicos anteriores à alfabetização*. Livro 2. Programa Comunicar. Belo Horizonte: Clínica-Escola Fono, 1998.

CALDEIRA, J. C. L. *Aquisição da linguagem oral*. Livro 5. Programa Comunicar. Belo Horizonte: Clínica-Escola Fono, 1998.

CALDEIRA, J. C. L. *Aquisição e desenvolvimento da língua de sinais*. Livro 4. Programa Comunicar. Belo Horizonte: Clínica-Escola Fono, 1998.

CALDEIRA, J. C. L. *Orientações para a família e para a escola*. Livro 1. Programa Comunicar. Belo Horizonte: Clínica-Escola Fono, 1998.

CALDEIRA, J. C. L. *Pequeno dicionário visual*. Livro 3. Programa Comunicar. Belo Horizonte: Clínica-Escola Fono, 1998.

CASTRO, V; XAVIER, A Ser diferente é normal. Interpretado por Gilberto Gil e Preta Gil. Campanha Ser diferente é normal, 2012.

COUTO, A. Posso falar. *Orientação para o professor de deficientes da audição*. 2. ed. Rio de Janeiro: EDC,1986.

CRITELLI, D. Justo a mim me coube ser eu. Folha de São Paulo. 22 de julho de 2004. *Caderno Folha Equilíbrio*, Coluna Outras Ideias. Disponível em: https://www1.folha.uol.com.br/fsp/equilibrio/eq2207200414.htm. Acesso em: 10 jan. 2025.

CUNHA JÚNIOR, E. P. da. *O embate em torno das políticas educacionais para surdos*: Federação nacional de educação e integração dos surdos. Jundiaí: Paco Editorial, 2015.

CURY, C. R. J. *Legislação educacional brasileira*. Rio de Janeiro: DP&A, 2002.

DALL' ALBA, F. C. Os três pilares do Código Civil de 1916: a família, a propriedade e o contrato. *Revista Páginas de Direito*, Porto Alegre, ano 4, n. 189, 20 de setembro de 2004. Disponível em: http://www.tex.pro.br/home/artigos/109-artigos-set-2004/5147-os-tres- pilares-do-codigo-civil- de-1916-a- familia-a-propriedade-e-o-contrato. Acesso em: 8 ago. 2016.

Declaração de Salamanca. *Declaração de Salamanca e linha de ação sobre as necessidades especiais*. Salamanca, Espanha, 7 a 10 de junho de 1994. Brasília: CORDE, 1994

FERNANDES, E. *Linguagem e surdez*. Porto Alegre: Artmed, 2003.

FERNANDES, S. *Educação de surdos*. 2. ed. Curitiba: Ibpex, 2011.

FERNANDES, S.; MOREIRA, L. C. Políticas de educação bilíngue para surdos: o contexto brasileiro. *Educ. rev.* [on-line]. n. spe-2, p. 51-69, 2014. Disponível em: http://dx.doi.org/10.1590/0104-4060.37014. Acesso em 18 mar. 2015.

FIORIN, J. L. *Introdução ao pensamento de Bakhtin.* São Paulo: Ática, 2008.

FRANÇOZO, M. de F. de C. Família e surdez: algumas considerações aos profissionais que trabalham com famílias. *In:* SILVA, I. R.; KAUCHAKJE, S.; GESUELI, Z. M. (org.). *Cidadania, surdez e linguagem:* desafios e realidades. São Paulo: Plexus, 2003. p. 77-88.

FREITAS, M. T. A. *O pensamento de Vygotsky e Bakhtin no Brasil.* Campinas: Papirus, 1994.

GERALDI, J. W. *Portos de Passagem.* São Paulo: Martins Fontes, 1993.

GÓES, M. C. R. de. A abordagem microgenética na matriz histórico-cultural: uma perspectiva para o estudo da constituição da subjetividade. *Cad. CEDES* [on-line], v. 20, n. 50, p. 9-25, 2000. Disponível em: http://dx.doi.org/10.1590/ S0101- 32622000000100002. Acesso em: 5 maio 2016.

GOLDFELD, M. *A criança surda:* linguagem, cognição. Uma perspectiva interacionista. São Paulo: Plexus, 1997.

GUIMARÃES, E. Política de línguas. Enciclopédia de ensino de línguas. Disponível em: http://www.labeurb.unicamp.br/elb/portugues/lingua_nacional.htm. Acesso em: 9 ago. 2015.

HONORA, M. *Inclusão educacional de alunos com surdez:* concepção e alfabetização. São Paulo: Cortez, 2014.

JOKINEN, M. Alguns pontos de vista sobre a educação dos surdos nos países nórdicos. *In:* SKLIAR, Carlos (org.). *Atualidade da educação bilíngue para surdos:* processos e projetos pedagógicos. Porto Alegre: Mediação, 1999.

JÚLIO, A. Interrogação. Grupo Tianastácia. Álbum Tá na boa, CD – 1999.

LACERDA, C. B. F. de. A inclusão escolar de alunos surdos: o que dizem alunos, professores e intérpretes sobre esta experiência. *Cad. CEDES* [on-line], v. 26, n. 69, p. 163-184, 2006.

LACERDA, C. B. F. de. *Intérprete de Libras em atuação na educação infantil e no ensino fundamental.* Porto Alegre: Mediação/FAPESP, 2009.

LACERDA, C. B. F. de. Um pouco da história das diferentes abordagens na educação dos surdos. *Cad. CEDES* [on-line], v. 19, n. 46, p. 68-80, 1998.

LACERDA, C. B. F. de; LODI, A. C. B. Ensino-aprendizagem do português como segunda língua: um desafio a ser enfrentado. *In:* LACERDA, C. B. F. de; LODI, A. C. B. (org.). *Uma escola duas línguas*: letramento em língua portuguesa e língua de sinais nas etapas iniciais de escolarização. Porto Alegre: Mediação, 2009.

LISSI, M. R.; SVARTHOLM, K.; GONZALEZ, M. El enfoque bilingüe en la educación de sordos: sus implicancias para la enseñanza y aprendizaje de la lengua escrita. *Estud. pedagóg.* [on-line], v. 38, n. 2, p. 299-320, 2012. Disponível em: http://www. scielo.cl/scielo.php?script=sci_ arttext& pid=S07 1807052012000200019& lng= es&nrm= iso. Acesso em: 7 jun. 2017.

LODI, A. C. B. Educação bilíngue para surdos e inclusão segundo a Política Nacional de Educação Especial e o Decreto nº 5.626/05. *Educação e Pesquisa*, São Paulo, v. 39, n. 1, p. 49-63, jan. /mar. 2013. Disponível em: http://www.scielo.br/ pdf/ep/v39n1/v39n1a04.pdf. Acesso em: 16 maio 2016.

LODI, A. C. B. Plurilinguismo e surdez: uma leitura bakhtiniana da história da educação dos surdos. *Educação e Pesquisa*, v. 31, n. 3, p. 409-424, 2005. Disponível em: http://www.scielo.br/pdf/ep/v31n3/a06v31n3.pdf. Acesso em: 18 jun. 2016.

MACHADO, P. C. *A política educacional de integração/inclusão*: um olhar do egresso surdo. Florianópolis: UFSC, 2008.

MOURA, M. C. *O surdo*: caminhos para uma nova identidade. Rio de Janeiro: Revinter, 2000.

NOGUEIRA, A. Z. O ensino de língua portuguesa para surdos. *In:* PALOMANES, R.; BRAVIN, A. M. (org.). *Práticas de ensino do português*. São Paulo: Contexto, 2012.

NUNES. R. Jornal de libras. Tecnologia em Libras. Casa de surdo. Disponível em: https://www.youtube.com/watch?v=twQWFpqekNg. Acesso em: 30 out. 2016.

PANOFSKY, C. P.; JOHN-STEINER, V.; BLACKWELL, P. J. O desenvolvimento do discurso e dos conceitos científicos. *In:* MOLL, L. C. *Vygotsky e a educação*: implicações pedagógicas da psicologia sócio-histórica. 2. reimpressão. Porto Alegre: Artes Médicas, 2002.

PÊGO, C. F.; LOPES, B. Reflexões acerca do curso de letras libras e suas contribuições para a construção de novas perspectivas na educação a distância. *In:* CONGRESSO

BRASILEIRO DE ENSINO SUPERIOR À DISTÂNCIA, 11., 2014, Florianópolis/SC. *Anais* [...].

PELUSO, L. Dificultades en la implementación de la educación bilingüe para el sordo: el caso de Montevideo. *In:* SKLIAR, C. (org.). *Atualidade da educação bilíngue para surdos*: processos e projetos pedagógicos. Porto Alegre: Mediação, 1999.

PELUSO, L. Panorámica general de la educación pública de los sordos en Uruguay a nivel de Primaria. *Psicología, Conocimiento y Sociedad*, v. 4, n. 2, p. 211-236, nov. 2014.

PEREIRA, M. C. da C.; Secretaria de Educação CENP/CAPE. *Leitura, escrita e surdez*. São Paulo: FDE, 2005.

PILARES, X.; BENINI, G.; MADUREIRA, C. Tá escrito. Grupo Revelação. 2008. (CD e DVD) Álbum Ao vivo no morro. Deckdisc, 2009. Disponível em: https://www.letras.mus.br/xande-de-pilares/ta-escrito/. Acesso em: 10 jun. 2016.

PINO, A. *As marcas do humano*: as origens da constituição cultural da criança na perspectiva de Lev S. Vygotsky. São Paulo: Cortez, 2005.

PINTO, G. U. *Imaginação e formação de conceitos escolares*: examinando processos dialógicos na sala de aula. 2010. Tese (Doutorado) – Faculdade de Educação, Universidade Metodista de Piracicaba, Piracicaba, 2010.

Pirner, D. A. Banda Asylum Soul. Somebody to shove. (CD). Álbum Grave Dancers Union, 1992.

PONZIO, A. *A revolução bakhtiniana*: o pensamento de Bakhtin e a ideologia contemporânea. 2. ed. São Paulo: Contexto, 2015.

PRIETO, R. G. Educação especial em municípios paulistas: histórias singulares ou tendência unificadora? *In:* BAPTISTA, C. R.; Jesus, D. M. de. (org.). *Avanços em políticas de inclusão*: o contexto da educação especial no Brasil e em outros países. v. 1. 2. ed. Porto Alegre: Mediação/CDV/FACITEC, 2009.

QUADROS, R. M. de. Situando as diferenças implicadas na educação de Surdos: inclusão/exclusão. *Ponto de Vista* – UFSC, Florianópolis, n. 4. 2002/2003. Disponível em: https://periodicos.ufsc.br/index.php/pontodevista/article/viewFile/1246/3850. Acesso em: 10 jul. 2016.

QUADROS, R. M. de. *Ideias para ensinar português para alunos surdos*. Brasília: MEC, SEESP, 2006.

REILY, L. *Escola inclusiva*: linguagem e mediação. 4 ed. Campinas: Papirus, 2012.

REIS, Nando. Diariamente. Gravação de Marisa Monte. (CD) Álbum Mais. EMI: 1991. Disponível em: https://www.youtube.com/watch?v=OnKp6PvuSyw. Acesso em: 9 jul. 2016.

RIO BRANCO. Escola Barão do Rio Branco. Projeto Político Pedagógico. 2016. Disponível em: http://www.escolabarao.com.br/admin/ckeditor/ckfinder/userfiles/files/PPP%202016%20Final%20-Publicado%20em%20Dezembro%20de%202015.pdf. Acesso em: 15 abr. 2016.

RIO BRANCO. *Escola para crianças surdas*. Projeto Político Pedagógico. 2008. (Mimeo).

SÁ, N. R. L. *Cultura, poder e educação de surdos*. Manaus: Universidade Federal do Amazonas, 2002.

SÁ, N. R. L. *Educação de surdos*: a caminho do bilinguismo. Niterói: EdUFF, 1999.

SALLES, H. M.M. L. *et al*. Ensino de língua portuguesa para surdos: caminhos para a prática pedagógica. Brasília: MEC, SEESP, 2004. (Programa Nacional de Apoio à Educação dos Surdos, v. 2).

SANTIAGO, V., A.A.; ANDRADE, C.E. Surdez e sociedade: questões sobre conforto linguístico e participação social. *In*: ALBRES, N. de. A.; NEVES, S. L. G. (org.). *Libras em estudo*: política linguística. São Paulo: FENEIS, 2013.

SANTOS, L. F. dos; GURGEL, T. M. do A. O instrutor surdo em uma escola inclusiva bilingue. *In*: LACERDA, C. B. F. de; LODI, A. C. B (org.). *Uma escola duas línguas*: letramento em língua portuguesa e língua de sinais nas etapas iniciais de escolarização. Porto Alegre: Mediação, 2009.

SÃO PAULO (SP). Secretaria Municipal de Educação. Diretoria de Orientação Técnica. Orientações curriculares e proposição de expectativas de aprendizagem para educação infantil e ensino fundamental: língua portuguesa para pessoa surda. São Paulo: SME/DOT, 2008.

SERPA, L. Libras educando surdos. *Blogspot online*. Disponível em: http://librasseducandosurdos.blogspot.com.br. Acesso em: 23 set. 2016.

SILVA, D. N. H. *Como brincam as crianças surdas*. 2 ed. São Paulo: Plexus, 2002.

SKLIAR, C. (org.). *Atualidade da educação bilíngue para surdos*. v. 1 e 2. Porto Alegre: Mediação, 1999.

SKLIAR, C. *A surdez*: um olhar sobre as diferenças. 2. ed. Porto Alegre: Mediação, 2001.

SMOLKA, A. L. B. *A criança na fase inicial da escrita*: a alfabetização como processo discursivo. 13. ed. São Paulo: Cortez, 2012.

SOARES, M. A. L. *A educação do surdo no Brasil*. Campinas: Autores Associados; Bragança Paulista: EDUSF, 1999.

SVARTHOLM, K. *Reading strategies in bilingually educated deaf children*. Some preliminar findings. Surdite et acces a la langue ecrite de la recherche a la pratique. Paris: Konferrapport fran Actes du 2eme Colloque International, 1998.

SVARTHOLM, K. 35 anos de educação bilíngue de surdos - e então?. *Educ. rev.* [on-line], n. spe-2, p. 33-50, 2014.

SVARTHOLM, K. Carta abierta de Kristina Svartholm al Ministro de Educación del Brasil, a propósito del proyecto de cierre de las escuelas de sordos brasileñas. Noviembre de 2007. (Mimeo).

UNESCO, Organização das Nações Unidas para a Educação, a Ciência e a Cultura. Declaração mundial sobre educação para todos e plano de ação para satisfazer as necessidades básicas de aprendizagem. 1990. Disponível em: http://unesdoc. unesco.org/images/0008/000862/086291por.pdf. Acesso em: 17 maio 2016.

URUGUAY. *Ley nº 18.437*. Ley general de educación. El Senado y la Cámara de Representantes de la República Oriental del Uruguay, reunidos en Asamblea General, Montevideo, 12 de diciembre de 2008.

Vaniele. A. Oficina de Libras. *Blogspot online*. Disponível em: http://oficinadelibras. blogspot.com.br/. Acesso em: 23 jun. 2015.

VEDDER, E. Intérprete: Banda Pearl Jam. Jeremy. Álbum Ten (CD single, Cassette, vinyl). Londres, 1991.

VIEIRA, C. R. *Bilinguismo e inclusão*: problematizando a questão. Curitiba: Appris, 2014.

VYGOSTKY, L. S. Obras escogidas II: pensamiento y lenguaje conferencias sobre psicología. Editorial Pedagógica, Moscú, 1982. De la traducción: José María Bravo, 2001. De la presente edición: [*S.l.*]: Machado Grupo de Distribución, 2014.

VYGOSTKY, L. S. Obras Escogidas III Problemas del desarrollo de la psique. Editorial Pedagógica, Moscú, 1983. De la traducción: Lydia Kuper, 1995. De la presente edición: [*S.l.*]: Machado Grupo de Distribución, 2012a.

VYGOSTKY, L. S. Obras Escogidas V Fundamentos de defectología. Editorial Pedagógica Moscú, 1983, De la traducción: Julio Guillermo Blank, 1997, De la presente edición: [*S.l.*]: Machado Grupo de Distribución, 2012b.

ZANELLA, A. V. *et al.* Questões de método em textos de Vygotski: contribuições à pesquisa em psicologia. *Psicologia e Sociedade*, v. 19, p. 25-33, 2007.